教育社会学丛书

EDUCATIONAL LIFE HISTORY
THEORY AND PRACTICE

教育生活史
理论与实践

桑志坚　编著

南京师范大学出版社

图书在版编目（CIP）数据

教育生活史：理论与实践 / 桑志坚编著 . — 南京：
南京师范大学出版社 , 2023.6
（教育社会学丛书）
ISBN 978-7-5651-5673-1

Ⅰ . ①教… Ⅱ . ①桑… Ⅲ . ①教育史—生活史—中国
Ⅳ . ① G529

中国国家版本馆 CIP 数据核字（2023）第 006444 号

教育生活史：理论与实践
JIAOYU SHENGHUO SHI：LILUN YU SHIJIAN
编　　著	桑志坚
责任编辑	杨佳宜
出版发行	南京师范大学出版社
地　　址	江苏省南京市玄武区后宰门西村 9 号（邮编：210016）
电　　话	（025）83598919（总编办）　83598412（营销部）
	83373872（邮购部）
网　　址	http://press.njnu.edu.cn
电子信箱	nspzbb@njnu.edu.cn
排　　版	南京私书坊文化传播有限公司
印　　刷	江苏凤凰数码印务有限公司
开　　本	890 mm × 1240 mm　　1/32
印　　张	5.75
插　　页	6
字　　数	149 千
版　　次	2023 年 6 月第 1 版　2023 年 6 月第 1 次印刷
书　　号	ISBN 978-7-5651-5673-1
定　　价	58.00 元

出 版 人　张　鹏

前　言

　　好的教育社会学研究一定是充满"教育社会学想象力"的作品。"教育社会学的想象力"来源于米尔斯"社会学想象力"。"社会学的想象力"，是一种将个人生活与社会历史联系起来认识问题的心智品质。"社会学的想象力使我们有能力把握历史，把握人生，也把握这两者在社会当中的关联。"而生活史恰恰是我们充分发挥这一心智品质的独特方法和路径。古德森认为"生活史探索了个体表征以及社会历史力量对个体表征所产生的重大影响之间的关联"①。生活史让我们充分意识到"如果要探究和理解个体和私人的意义建构，在历史和文化情境中理解生活故事是多么的重要"。

　　作为通达"社会学想象力"如此重要的路径，生活史方法在国内被教育学者熟悉应该归功于古德森教授。古德森教授是生活史研究与应用的代表性人物，在其代表作《环境教育的诞生——英国学校课程社会史的个案研究》中，生活史方法或视角成为著作重要的特色。对于这个方法特色，译者南京大学社会学院贺晓星教授在"译者序"中做了初步的阐释。随着古德森被邀请到国内讲学以及更多

---

① [英] 艾沃·古德森. 发展叙事理论：生活史与个人表征 [M]. 屠莉娅，赵康，译. 上海：华东师范大学出版社，2020：38.

的相关译著、论文的出版①，生活史也被教育学者熟知并广泛应用。古德森教授无疑是生活史研究的里程碑式的人物。但事实上，这一方法并不是古德森的"独门秘籍"，他也不是这一方法的"开山鼻祖"。生活史"源远流长"。

为了使生活史相关的研究者和应用者更加熟悉生活史在教育研究的内外状况和来龙去脉，更加清晰地了解生活史是什么、从哪里来、追求什么以及在教育研究中如何应用，更加明了掌握教育生活史应用的方法和技术，更加容易获得可以学习和参考的案例和相关文献，本书选择了从生活史到教育生活史，从认识论到方法论、从研究框架到具体技术、从理论到实践、从历史到现实等多维梳理生活史，以期系统而全面地呈现生活史的全貌。当然，受制于编者本身对生活史认识和理解的局限，本书编著的内容能否达到上述目的，还有待读者检验、批评和指正。

生活史方法是吸引人的，"生活史最大的长处在于它穿透了个人的主观性真实：它允许行动主题可以'为她/他自己说话'。"不止如此，生活史还明确关注个人的"真实"与过程；还远不止如此，生活史……希望更多的教育研究者能由此开始学习这项极具魅力的"炼金术"。

是为序。

桑志坚

2022 年 8 月 8 日

---

① 参见张立新. 教师实践性知识形成机制研究——基于教师生活史的视角 [D]. 上海：上海师范大学博士学位论文，2008；[英] 艾沃·古德森. 教师生活与工作的质性研究 [M]. 蔡碧莲，葛丽莎，等译. 北京：教育科学出版社，2013；[英] 艾沃·古德森. 发展叙事理论：生活史与个人表征 [M]. 屠莉娅，赵康，译. 上海：华东师范大学出版社，2020.

目 录

第一章

教育研究的生活史路向

近些年来，随着实证方法在教育领域的兴起，生活史作为一种教育研究的方式和框架应用渐广。研究者认识到回归丰富的教育生活，发现个体的主观世界，呈现多彩生活故事的重要性和必要性。教育研究发现的真实并不在抽象的一堆数字中，而在平凡而琐碎的一个个生活故事里。教育研究呈现的真实并不全在理性和严密的逻辑中，也在个体生活的情境和体验中。但是很多研究者只是将生活史作为一种"用于获取语言样本的话题或技术"，而没有将其作为一种方法来认识和理解。人们对生活史兴趣渐浓，但是对其作为认识框架和方法技术却缺乏系统的理解。基于此，本书首先从生活史的定义及相近概念辨析出发，开始教育生活史的认识之旅。

第一节　生活史的定义及辨析

何谓生活史？这可能是生活史研究者和应用者面临的第一个最具挑战性的问题。在英语中，生活史表述为 life history method、life history perspective、life history approach、life history methodology。我国的学者翻译为：生活史方法、生活历史法、生活历史研究和生活史研究、生活史或生命史。不过，这不是挑战之所在。真正的挑战正如丹尼尔·贝尔托（Daniel Bertaux）所指出的那样：一般来说，这个领域的术语使用比较混乱，因为这些"各种"术语经常被互换使用。研究者选择用不同的术语来描述这种独特的研究方法，例如叙事研究、传记、生活故事、生活叙事、口述历史、自我民族志、自传等。这很大程度上源于生活史在不同学科的广泛应用以及形成的庞大研究领域。邓津（Norman K. Denzin）认为：很多传记方法或很多关于生活的写作方式，每一种形式都呈现出不同的文本，进而给读者留下不同的信息和理解。术语的选择因学科而异，并在一定程度上表示不同的路径。虽然很难在这些术语之间做出绝对区分，甚至很多人怀疑这种区分的价值，但是为了更好地在相关的概念群中定位生活史研究，有必要将相关概念及生活史的经典定义梳理清晰。当然，这种区分并不是为了陷入术语的争论中，也并不表明这些概念的界限已经明晰，只是在这种或明显或模糊的差异中"捕风捉影""辨识标记"。的确，邓津恰切地阐明了生活史定义梳理和辨析的价值。与生活史在研究方法上具有意义重叠或术语互换使用的主要研究方法如下。

传记 这是由他人通过依据文学作品的惯例写的关于生活的结构化描述。邓津列出了传记特征的以下假设：他人的存在，性别和阶层的重要性及影响，家庭出身，起点，对作者和观察者的已知和需要了解的，客观的生活标记，有真实生活的人，转折点的经历，以及区别于虚构的真实陈述。关于最后一点，瓦格纳-马丁（Wagner-Martin）提醒我们，传记所讲述的故事在某些方面与小说家所创造的故事一样，都是虚构的。然而阅读者却坚持认为传记是一种依赖于事实的艺术。在这一点上科勒和诺尔斯（Ardra L. Cole，J. Gary Knowles）认为：每一个关于他人生活的故事也反映了作者的生活元素。^①广义上的传记既包括自传，也包括日记、回忆录、自画像、小说、书信、简历、年谱、备忘录、个人故事、个人档案等，它们都具有传记的性质。

"自传"一词的出现是为了与传记区分开来。如上所述，传记是对他人生活的描述，而自传是由自己来写的、关于自己生活的结构化描述。但是在罗伯特·米勒（Robert L. Miller）看来，个体对自己生活的叙述，不是对所回忆的事实一点不做改变，而一定是为了某个目标受众对事实进行了编辑。这种对自己生活有选择的讲述，同传记作者对他人生活的讲述是一样的。在这个意义上，自传与传记之间的区别也就模糊了。人们一般用传记来称呼自己或他人生活的所有描述。^②

与之相关的另一个术语是解释性传记。所谓解释性传记，邓津在他的著作《解释性传记》中，使用这一概念去描述编写自传的过程与方法——创造性的文字、叙述形式的解释以及对生活经历的表述。这是在讲述和记录一个故事。^③

民族志　民族志的广泛目的是为了获得在一个文化群体中个人的社会互动模式所附加的象征意义的理解。"民族志"既是一种研究人类生活的方式——通过一系列大量而集中的参与观察和对指定文化群体的访谈而进行的系统调查，也是研究的产物——在研究背景下对生活详尽的解释性描述。

---

① A. Cole, J. Knowles. Lives in Context: The Art of Life History Research [M]. Walnut Creek, CA: AltaMira Press, 2001: 17.

② R. L. Miller. Researching Life Stories and Family Histories (1st ed.) [M]. London: SAGE Publications, 1999: 19.

③ A. Cole, J. Knowles. Lives in Context: The Art of Life History Research [M]. Walnut Creek, CA: AltaMira Press, 2001: 18.

在术语上重叠了自传与民族志的自我民族志，是将自我置于一个社会文化背景中。自传是为了自我描述和自我理解而专注于自身。与自传不同，自我民族志则是以自我为出发点或将自我置于有利位置，来探索更广泛的社会文化元素、问题或结构。①

个人历史　与自我民族志相似，个人历史是对一个人的生活或生活片段的叙述，其目的是了解自己与更广泛的背景，例如家庭、机构和社会的关系。

与之相关的概念：个人经历的故事。一个人讲述或撰写的关于他或她的经历的轶事或故事被称为个人经历故事。这种故事并不一定代表一个人生活中的顿悟或关键时刻，也不一定是背景化或理论化的。个人经历故事通常是在研究一个人的生活时收集信息的一部分。②

个案研究　单个案例的分析和记录。与其说个案研究是一种研究方法，不如说是一种研究设计。因为它可以被纳入一系列的研究范式和学科中。其标志性特征是关注可以被描述为案例的东西——一个项目、条件、事件、人、过程、机构、文化（种类）或类似的群体。

与个案研究同义的术语是个案历史。个案历史通常是作为个案研究的一部分或为了满足公众的需要而对某个人、团体或机构而编辑的历史。它并不是一个研究术语。③

口述史　口述史也被称为口头叙事，是对事件及其因果关系的个人回忆；也指采访个人过去事件经历的做法，是一种专注于重建

① A. Cole, J. Knowles. Lives in Context: The Art of Life History Research [M]. Walnut Creek, CA: AltaMira Press, 2001: 16.
② 同上，21.
③ 同上，17.

生活的方法。路易斯（Dolyn Etter-Lewis）指出：

口头叙事，有时也被称为口述史……以一种特别真实的方式保留个体自己的话语和观点。它是为了重建过去的生活而进行的整合，它是一种将叙述者过去的隐喻与现在相关联的文本。……口头叙事的自发性揭示了一种几乎未经编辑，有时未经处理的个人意义和判断的观点，这种观点不会因为书面语言的通常限制而改变。①

叙事　叙事包含了不同的定义，包括多个经常重叠的变量。一般来说，叙事的意义在于个人的、时间的和背景的联系和关系的质量。这些联系和关系代表着一个统一整体生活的复杂性。叙事研究的重点是个人，以及通过对生活故事的叙述和重建来理解生活的真实。

生活故事　生活故事被认为是与生活史最接近的亲属。赫伯特·布鲁默（Herbert Plummer）指出，一个人的生活故事就是"一个人用他或她自己的话来描述他或她的一生"。生活故事有很多模糊的来源：传记、自传、信件、日记、访谈等。他把生活故事作为研究方法，把传记和自传作为研究的来源。

罗伯特·阿特金森（Atkinson）认为：生活故事是一个人选择讲述他或她所经历的生活故事。讲述的故事尽可能完整和诚实地告诉这个人记得什么，他或她想让别人知道什么，这些通常是另一个人采访的结果。

生活史究竟是什么？虽然经常与以上术语混用甚至极其接近，但是我们仍要寻找其细微区别。因为任何术语的出现，显然是为了增加对事实的认识，而不仅为增加概念本身。生活史作为一种理论和方法的研究框架，"它不是传统社会科学的'数据'，尽管它具有这种事实的某些特征，即试图收集形成一般社会学理论有用的材

---

① A. Cole, J. Knowles. Lives in Context: The Art of Life History Research [M]. Walnut Creek, CA: AltaMira Press, 2001: 21.

料。它也不是传统的自传，尽管它与自传有着共同的叙事形式、第一人称视角和坦率的主观立场。它当然也不是小说，尽管生活史文献具有任何小说家都乐于实现的敏感性和节奏感，以及戏剧性的紧迫感。"[1] 国内学者张立新整理区分了"生命历程""传记"与"生活历史"的区别（见表 1-1）。

表 1-1　"生命历程""传记"和"生活历史"概念辨析简表 [2]

概念	内涵	特征
生命历程	"生命历程"是指一个生命体所经历的从受精卵到出生，直至死亡的全过程中的序列事件。从生物维度上，是客观的和不可逆转的过程，如发育、成熟和衰亡等事件；从社会维度上，标记着生命体从儿童到成人的发展变化所导致的与社会联系方式和内容的序列变化过程，如升学、就业、失业或者退休等事件。	客观的
传记	"传记"可以是一切人（包括名人和普通人）关于生活的故事，包括自传和他传。包括生命历程事件的描述，但是更多的是主人公某些特殊方面的经历，主人公经历某种"生命历程"事件的反应、感受、行为和后果是"传记"所关注的重点，系列事件之间往往存在某种关联。	关注主观感受
生活历史	"生活历史"既包括"生命历程"的方面，也包括生活"传记"的方面，但不是二者的简单结合。它包括生命体自然的生理变化、复杂的与外界社会的互动关系、心理状态与情境现实的动态关联。	关注主观与客观情境的互动

不仅如此，生活史与个案研究也有所不同。个案研究的调查、广泛的分析、资料来源的三方求证、复杂性以及文本的形式对严格的学术研究发展是关键的。而生活史强调对构成背景的定义、对多

[1]　H. Becker. Sociological Work: Method and Substance [M]. Chicago: Aldine Publishing Company, 1970: 63.

[2]　张立新 . 教师实践性知识形成机制研究——基于教师生活史的视角 [D]. 上海：上海师范大学博士学位论文，2008.

种证据来源的使用以及个体对现象的理解优先于现象本身。两者虽然有一定的重叠，但是差异也很明显。生活史可以说是一种特殊的个案。与生活史关注背景下的生活不同，个人历史研究的调查通常是自行进行的，而且也更有针对性。它的目的是阐明过去经验的意义，因为它们影响了未来的行动。

生活史属于叙事的大范畴。因为，它们"每一个都依赖于故事、主观表述和意义，因为它是人在特定情境下的建构。每一个人都专注于现有的生活——这是一种不太容易与学科、类别或区划相协调的经验"[①]。即便如此，生活史作为一种特殊的叙事，仍然不同于一般叙事。在南希·泽勒看来，"叙事和生活史的一个简单区别是，前者的范围要比后者广得多：所有的生活史都是叙事，但并非所有的叙事都是生活史。"另外，二者使用故事的方式不同。生活史经常从表面上看故事，并从内容上解释故事。叙事更关注从故事的讲述角度以及产生讲述的面对面互动中，故事是如何被更宽泛的文化所形塑的。此外，生活史与叙事的区别在于情景的作用。生活史超越了个人或个体，将叙事的叙述和解释置于更广泛的情景中。

为了进一步区分与生活史相关的术语，邓津的总结或许有助于我们理解。（见表 1-2）

表 1-2 传记方法的术语 / 形式和种类 [②]

术语 / 方法	主要特征	形式 / 变化
1. 方法	了解一段经历的方式	主观的，客观的
2. 生命	生存时期；生活经历	片面的，完整的，经过编辑的，公共的，私人的

---

① J. A. Hatch, R. Wisniewski. Life History and Narrative [M]. Washington, DC: The Falmer Press, 1995: 114.

② N. K. Denzin. Interpretive Biography [M]. California: Sage Publications, Inc., 1989: 47.

（续表）

术语 / 方法	主要特征	形式 / 变化
3. 自我	关于自我的看法、图像和想法	自我故事，自传
4. 经验	面对和经历事件	有问题的，常规的，习惯的
5. 顿悟	生命中的启示时刻	主要的，次要的，重温的，有启发性的
6. 自传	个人生活史	完整的，经过编辑的，专题的
7. 民族志	一种文化或群体的书面记录	现实主义的，解释性的，描述性的
8. 自我民族志	描述一个人作为民族志学家的生活	完整的，经过编辑的，片面的
9. 传记	生活史	自传
10. 故事	小说，叙事	第一人称或第三人称
11. 小说	一个描述，一些虚构的东西，塑造	故事（生活，自我）
12. 历史	描述事情是如何发生的	个人的，口头的，个案的
13. 论述	讲故事，谈论文本，一段文字	第一人称或第三人称
14. 讲述者	故事讲述者	第一人称或第三人称
15. 叙述	一个故事，与讲述者的生活分离的情节和存在	小说，史诗，科学，民间传说，神话
16. 写作	写，创建书面文本	以理性为中心的，解构的
17. 差异	每个字都带有另一个字的痕迹	写作、演讲
18. 个人史	基于访谈和对话的生活重构	生命史，生活故事
19. 口述史	个人对事件的回忆，它们的因果及影响	工作、种族、宗教、个人、音乐等
20. 个案史	一个事件或社会过程的历史，而不是一个人的历史	单人的，多种的，医学的，法律的
21. 生活史	基于采访和对话的生活描述	个人的，经过编辑的，专题的，完整的
22. 生活故事	一个人关于他或她的生活的故事，或其中的一部分	经过编辑的，完整的，专题的，虚构的
23. 自我故事	与事件有关的自我故事	个人经历，虚构的，真实的
24. 个人经验故事	关于个人经历的故事	单人的，多种经历，私人的，或公共的民间传统
25. 案例研究	单个案例的分析与记录	单人的，多种多样的

事实上，经过以上比较，我们已经对生活史的定义有了一点认识。但为了更加详细地呈现生活史的内涵，有必要分享更多学者关于生活史的阐述。

朗格内斯（Lewis L. Langness，1965）：生活史指的是对个人生活的广泛记录，不管这是由他自己还是其他人或者两者同时讲述，也不管它是书面的、访谈中的还是两者皆有。[1]

多拉德（John Dollard，1949）：作为一种有意义的尝试，我们将提出生活史初步的常识定义：一个人在文化环境中成长，并使其具有理论意义。它可能包括传记和自传档案。[2]

戴维·G. 孟德尔鲍姆（David G. Mandelbaum，1973）：生活史研究强调个人的经验和需求——人如何应对社会，而不是社会如何应对人群。……生活史是对过去和当下生活的记录。这样的叙述显然涉及某种选择，因为只有这个人所有经历的一小部分可以被记录下来。[3]

沃森等（Lawrence C. Watson，Maria-Barbara Watson-Franke，1985）：生活史是一种独特的个人档案。个人档案作为一般材料类别，包括个人的任何表达性作品，可用于阐明在某个特定的时间点或在时间推移过程中他自己的看法、他的生活状况，或他所理解的世界的状态。……作为个人档案，生活史有什么独特之处呢？"生活史"是个人以书面或口头形式的全部或部分对其生活的任何回顾性叙述，

---

[1] L. L. Langness. The Life History in Anthropological Science [M]. NY: Holt, Rinehart and Winston, 1965: 4.

[2] J. Dollard. Criteria for the Life History [M]. NY: Peter Smith, 1949: 3.

[3] D. G. Mandelbaum. The Study of Life History: Gandhi [J]. Current Anthropology, 1973, 14(3): 177–206.

是由另一人引导或推动的。①

吉莉娅·弗兰克（Gelya Frank，1996）：生活史在人类学中与在其他领域如历史或文学中的区分主要通过题材的选择（通常是普通人而不是公众人物，通常是传统社会的文盲成员、少数民族或城市亚文化成员）；通过面对面互动的田野工作方法（通过与一个主体合作使用录音、转录进行访谈和观察法以及个人档案如日记或历史记录等）；通过对学科中感兴趣的理论主题的正式关注。②

罗伯特·米勒（2000）："生活史"是指按照时间顺序组织起来的一系列事件。外部来源的确认或验证不再是生活史的必要条件。"生活故事"仍然指个体给出的叙述，只是更强调个人在选择或放弃讲述故事时要按照主题或话题的顺序来组织。③

科勒和诺尔斯（2001）：叙事和生活史研究都依赖和描述生活的故事性，两者都关注尊重个人经验的个性和复杂性。然而，在广泛的目的和分析方面，这两种方法各有不同。我们认为生活史研究是将叙事更进一步；也就是说，生活史研究超越了个体或个性，将叙事描述和解释置于更广泛的背景中。④

文森特·克拉潘萨诺（Vincent Crapanzano，1977）：生活史就像自传一样，从他自己的视角呈现主题。它与自传的不同之处在于，它是对他者所提出的要求的立即回应，并在其中承载着对他者的期

---

① L. C. Watson, M. B. Watson-Franke. Interpreting Life Histories: An Anthropological Inquiry [M]. New Brunswick, NJ: Rutgers University Press, 1985: 2.

② G. Frank. "Life History". in D. Levinson, M. Ember. Encyclopedia of Cultural Anthropology (Vol. 2) [M]. NY: Henry Holt and Company, 1996: 705.

③ R. L. Miller. Researching Life Stories and Family Histories (1st ed.) [M]. London: SAGE Publications, 1999: 19.

④ A. Cole, J. Knowles. Lives in Context: The Art of Life History Research [M]. Walnut Creek, CA: AltaMira Press, 2001: 20.

望。可以说，它经过相遇的两个人以及文学的双重编辑。[1]

邓津（1978）：生活史资料包括任何反映个人或群体主观行为的记录或档案，包括社会组织的个案史。这些记录可能包括信件和自传，从报纸报道到法庭记录。一份仔细的采访记录，只要不掺杂采访者自己的解释，就像个人日记一样，也是一种生活史资料的形式。[2]

古德森（Ivor Goodson，1981）：生活史的焦点是明确的——个人的现实和过程。生活史学家最初只关心掌握个人的真实；在（更重要的）获得普适性真实的问题上，他或她保持沉默。……生活史学家必须不断扩大对个人真实的关注，将更广泛的社会历史的视角纳入考虑范围，即便这些不在个人自觉的范围内。[3]

从上述多种多样的阐述中可知定义生活史的复杂性。每一种定义都有自己的逻辑起点，或者从人类学根源开始，或者从个体经验进入，抑或从理论框架和技术出发。不仅如此，生活史的定义也在随着时间和学科的变化动态发展并导致多样的争论。但是，在这众多复杂的定义中，我们仍然能看见生活史方法与其他定性研究方法的区别。哈奇（J. Amos Hatch）将这种区别总结为四个方面：关注个人；研究过程的个体性；实践取向；强调主观性。[4]安纳贝尔·法拉第（Annabel Faraday）和肯尼思·布鲁默（Kenneth

---

[1]　V. Crapanzano. The Life History in Anthropological Field Work [J]. Anthropology and Humanism Quarterly, June, 1977(2): 3–7.

[2]　N. K. Denzin. The Research Act: A Theoretical Introduction to Sociological Methods [M]. NY: McGraw-Hill, 1978: 215.

[3]　I. Goodson. Life History and the Study of Schooling [J]. Interchange (Ontario Institute for Studies in Education), 1981(11): 67.

[4]　J. A. Hatch, R. Wisniewski. "Life History and Narrative: Questions, Issues and Exemplary Works ". in J. A. Hatch, R. Wisniewski. Life History and Narrative [M]. Washington, DC: The Falmer Press, 1995: 116–118.

Plummer）则归结为三个方面：个人的主观现实；关注过程和模糊性；对整体的关注。[①]

在此基础上，我们将生活史定义为：基于访谈或口述等资料收集方式来叙述普通个体的过去或当下生活故事，继而将叙事置于更广阔的情景中展开分析的一种研究方法。

第二节　生活史的理论旨趣

虽然生活史相对清晰的概念已经表明其作为一种方法的独特性，但是朗格内斯还是不无担心地指出：生活史缺乏一种"固有属性"和一种能够解释特定经验领域的有关方法。事实上，如果我们能够细细梳理生活史的发展脉络，就会发现，尽管生活史在人类学、社会学、心理学以及历史学中的研究主题相对独立，但是作为社会科学中独特的视角，一些融合的共同特征已经可以清晰识别，也就是生活史作为一种方法论的理论旨趣。与其他研究方法及其哲学基础相比，生活史在"强调个人""聚焦生活""重视情景"等方面有着明显而一致的追求，我们称其为生活史的理论旨趣。

一、把生活带回研究

"生活"这个词，着实太过平凡。每个人都生活其中，以至于丧失了对它的敏锐。研究者着力用理论解释生活，却从未深思理论本应植根于生活。"许多社会科学所提供的知识形式都因为囿于科学理论化的条条框框和术语而变得死板，将人类生活的生动意义反

[①] A. Faraday, K. Plummer. Doing Life Histories [J]. Sociological Review, 1979, 27（4）: 773–798.

而掩盖起来，最后生活自身都无法辨认出来。"①研究者沉醉于理论世界的构建，却忽视了生动的日常生活世界。对此，米德尔顿（Middleton）进一步评论道："过分依赖于学术界对文本的解读研究可能会将学校里人们的日常对话、经验和观点'挤出'——也就是说，使其变得不可见。"②对鲜活生活的熟视无睹，使得理论不能回应主体的诉求，忽视主体生活经验的价值。不仅如此，研究中的定量迷思，沉浸于描述变量的关系和冷冰冰的数据，使人如同雾里看花，难以体会生活的真相，无法展示日常生活的种种模样。特别是"对理性主义假设的强调导致了一些人忽视作为一种叙事的生活故事所呈现出的不同体验。这种针对不同体验模式化和（或）组织的方式与'正常'、实验以及心理科学所看重的逻辑的、实验—预测的测试方式并不总是一致。因为那些强调可验证性、可预测性的实质理性的、实验的心理科学的出现以及对连续而非生活变化的强调，导致（人们）忽视了对修辞的关注或实现一致性的手段，包括讲故事的方式"③。

事实上，生活世界是社会科学研究不可忽视的领域。埃德蒙·胡塞尔（Edmund Husserl）的"生活世界"就是指"我们生活于其中的那个世界"。"在我们将它当作我们所思考的问题与静观的对象之前，我们就已经生活在它之中了。"④个体在日常生活中选择生活世界中的某个领域，选择这个领域的某个特定方面，通过参与自己选

---

① [加]马克斯·范梅南.生活体验研究：人文科学视野中的教育学[M].宋广文，等译.北京：教育科学出版社，2003：21.

② S. G. Kouritzin. Bringing Life to Research: Life History Research and ESL [J]. TESL Canada Journal, 2000, 17(2).

③ 同上.

④ 倪梁康.胡塞尔的生活世界现象学——基于《生活世界》手稿的思考[J].哲学动态，2019（12）.

择的生活世界获得丰富和多样的经验。在赫勒看来，在某种意义上，日常生活不是什么别的，那种拥有自在性、给定性和重复性的日常生活就是人类的"类本质活动"。因此，生活就是人们在具体情景中的经历，就是充满意图、需求、焦虑、渴望等情绪和情感的日常，就是人们的衣食住行、生老病死、爱恨情仇等行为和活动。这些并不是毫无意义的细碎事件，而是生活本身。生活的意义就得在这种琐碎中寻找。那么这意味着研究者应该以认识生活、解释生活为己任，在生活中发现问题、意义、价值等议题。不仅如此，研究者还要以一种"化熟为生"的视角去重审生活，把生活重新带回研究，成为研究的主题和中心。

生活史研究的魅力显然正在于此："它是可理解并扎根于日常意义"[1]，以"解释、描述或反思一个人的生活意义"为目的。生活史研究以人为中心，聚焦于关键事件或围绕那些犹豫、困惑、矛盾和讽刺的重大时刻，给予生活一种过程感并赋予现实一种更模糊、复杂和混沌的视角。相较于其他研究形式，生活史更脚踏实地、较为忠实地呈现主体的经历和他对世界的解释。"生活史作为一种补充，关注的是细节化的、鲜活的、一种个人生活经验的总结，把它从隐藏的历史中显现出来，通过细节化的、鲜活的个人经验，提取出一种历史的走向。"[2]生活史研究将历史视角的引入实现了凭借其丰富的细节对"过程"材料的强调，"可以赋予被过度概念化了的'过程'以意义"；同时，对个人生活历史的强调，意味着不但要关注现在的生活，更要审视过去的意义和重要性，因为它影响着现在和未来。因此美国的学者派纳认为，生活史研究是一种"回溯"，即通过生

---

[1] S. G. Kouritzin. Bringing Life to Research: Life History Research and ESL [J]. TESL Canada Journal, 2000, 17(2).

[2] 刘胡权 . 论生活史方法对教师发展研究的适切性 [J]. 当代教育科学，2017（3）.

活史中个体的生活故事叙述，重新进入过去。

　　之所以把生活带回研究不仅是因为生活史研究自身的价值，也是因为"后现代状况"为生活史的复兴提供了条件。在后现代主义者看来，社会世界是一个被解释的世界。不同的生活经历导致不同的解释，从而导致对不同现实的描述。后现代知识观不再将客观性作为知识不可撼动的标准，对人类经验的主观、多重和片面性质的承认，为生活史的主张开辟了道路。对主观的承认，给了个体进行反思、讲述主观故事的可能；对多重"真相"的承认，才允许对个体故事的多重解释，"我们不仅不能指望一个'真相'被代表，如果我们碰巧找到了一个，我们应该怀疑"[1]；对片面或部分的承认，给了生活史关注个体生活或片段的机会，但"碎片化的马赛克中的每一块都增加了我们对整体画面的理解"[2]。因此，"在生活史研究中，我们的立场是坚决反对任何关于绝对和客观真理的可能性的概念，并将研究者从获得结论性、有限性和普遍性知识主张的责任中解放出来。他们所获得的任何知识主张必须反映人类经验的多维性、复杂性、主体间性和情境性。在这样做的时候，知识主张必须有足够的模糊性，并且足够谦逊，以允许多种解释和读者反应。"[3]生活史作为一种主观的产物，我们对其意义的揭示和解释，不是通过强加研究者大量的外部框架，而是通过"腾出空间"，也就是倾听研究对象个体自身的叙事结构，即便这个结构对研究来说是陌生的。

---

① S. G. Kouritzin. Bringing Life to Research: Life History Research and ESL [J]. TESL Canada Journal, 2000, 17(2).

② H. Becker. Sociological Work: Method and Substance [M]. Chicago: Aldine Publishing Company, 1970: 65.

③ A. Cole, J. Knowles. Lives in Context: The Art of Life History Research [M]. Walnut Creek, CA: AltaMira Press, 2001: 127.

这就形成了两个不同但平等的理解——研究对象对自己生活史的阐释和研究者的理解。在这个意义上，生活史的最终理解将是不确定和不完整的。

　　无疑，生活史为我们把生活带回研究打开了一扇门。个体生活不再被视为研究背景，抑或是理论应用的对象，或仅仅是收集资料的单位，个体生活成为我们分析、解释和理解的主题。生活史提供了一个理解生活的镜片。我们总是向前生活，向后理解，生活始终是一个尚未完成的故事，也从来不是自然打开的书，而生活史触及了个体沉默的主观性，并揭示了不可观察到的经验的变化。生活史还是有用的理论"试金石"。无论是对现存理论的检验，对数据、资料的搜寻，还是在调查领域，鲜为人知的是，生活史提供了"一个敏感的工具来探究这个领域内的各种问题和论题"。最终，生活史使理论"变得有用"。

二、叙述个人的故事

　　生活史研究最重要的贡献是"它的关注点从超凡脱俗转向平凡，同时也从普遍性转向个体"。历史上，事关国家政治、经济、文化、军事等重大议题的宏观叙事从不缺乏，有关著名和有权势人物的非凡而独特的个人历史也常为后人所记录，但是推动历史发展和进步的普通人却被历史或遮蔽，或淹没。"普通人漫长的一生失去了从国家政治事件中获得的意义"，"磨坊主、农民、铁匠和矿工的日常生活被集体化成为描述它们职业的动词"。"但是假如我们希望把无名的人从备受漠视之下解救出来，就得号召有一种新的概念上的和方法论上的历史学研究途径，它不再把历史看作是吞没了许许多多个人的一个统一过程、一篇宏伟的叙述，而看作是有着许多个别中心的一股多面体的洪流。这时候作数的就不是一份历史而是许多份历史了，或者更应该说是许多份故事了。"① 因此，生活史研究的历史学意义在于重视历史中"边缘"和"个人"的观点。生活史被女权主义者应用于了解妇女的历史，被人类学家用来挽救濒临消失的文化遗产，被社会学家用来研究边缘群体的多样经验。生活史让被沉默、被忽略的声音不再被遮蔽，不再被代言，而是通过"我"的讲述得以表达。

　　在此基础上，生活史更加明确的关注重心是：个人的"真实"与过程。也就是说，了解个人生活或个人故事是生活史研究过程的核心。在这个意义上，个人生活（而不是群体生活）才是生活史的分析单位。伊冯娜·林肯（Yvonna Lincoln）进一步明确道：生活史和叙事总是根植于个体的意义系统中。你可能不会，也不可能从两种研究中期待对社区或社会进行研究（这种期望是社会学常见的焦点），或对部落或少数族裔群体进行研究（这种期望是人类学的传统）。也就是说，生活史的研究对象不仅从那些"至高无上"的人转向普通人，而且更要关注普通人中的个人。"这些历史学家并不把多数人看作一个群体的一部分，而看作是决不能消失在世界历史过程之中、也不能消失在无名的群体之中的各个人。"② 因此，生活史是一个人独一无二的生活历史，是围绕着一个人的生活有关的问题。"生活史方法的首要任务，是通过个人记忆的挖掘和采集，去关注个人并研究个人，个人应该成为生活史的第一焦点。"③ 在这个意义上，生活史更加准确的表述应该是个人生活史。

① ［美］伊格尔斯.二十世纪的历史学：从科学的客观性到后现代的挑战 [M].何兆武，译.济南：山东大学出版社，2006：118.
② 同上.
③ 刘胡权.论生活史方法对教师发展研究的适切性 [J].当代教育科学，2017（3）.

生活史致力于收集个体独特的经历和经验。故事是最接近经验的。"从本质上讲，生活故事来自于生活经验，是生活经验的解读和文本展现，是对经验的部分或者选择性评论。"[①] "一个故事有一种充实感，一种从个人和社会历史中走出来的感觉……经验……是人们生活中的故事。人们活在故事中，在讲述故事的过程中，不断重申、修改、创造新的故事。"[②] 故事不仅是一组事实和对事件的描述，也是对人们所经历事情的解释，表达人们在经历生活时赋予生活的意义。正是通过故事，人们才能学习、传达知识，并理解生活中发生的事情。不仅如此，生活史是由自我参照的故事组成的，强调"自己的故事"的价值，并从自己的主观感受来解释自己的行为。"他们认为人们为解释其行为而对经验进行的说明很重要。要理解一个人为何如此行为，你必须理解他是如何看待这件事的，他认为自己必须面对什么，他看到了什么样的选择。"[③] 也就是说，如果我们想知道人们的感受，为什么不问问他们呢？这种来自个体主观的、活生生的、充满生机的信息就是一种自然的、自足的材料。对此，欧内斯特·伯吉斯（Ernest Burgess）高度认同，他说："生活史揭示了一个人的内心生活、他的道德斗争、他在与他的希望和理想经常不一致的世界中为确保自己的命运所经历的成功和失败。因为没有其他方式。"[④] 生活史记录了个人的内在体验，他们如何解释、理解和定义周围的世界。因此，米歇尔·福斯特（Michelle Foster）明

---

① 翁红波. 建构叙述者的意义自我：生活史视角 [J]. 教育学术月刊，2013（2）.

② I. Goodson, A. Antikainen, et al. The Routledge International Handbook on Narrative and Life History [M]. NY: Routledge, 2017.

③ H. Becker. Sociological Work: Method and Substance [M]. Chicago: Aldine Publishing Company, 1970: 64.

④ A. Faraday, K. Plummer. Doing Life Histories [J]. Sociological Review, 1979, 27（4）: 773-798.

确指出：生活史的材料来自参与者自己。

生活史是故事，故事是被讲述或复述的。一个被讲述的生活，一个生活史，是一种叙事。生活史作为叙事并不是生活本身。"真正的生活是真实发生。一个人所经历的生活是由他所知道的图像、感受、情感、欲望、思想和意义组成的。"[①] 生活史作为叙事，是讲述某人的生活故事。叙事是一种"理性认识的合法形式"，它不仅仅是情感的表达，也是理解人们行为的途径。通过叙事，人们的梦想、记忆、希望、怀疑等得以表达，人们的生活被赋予意义。向别人讲述生活的故事，在某种意义上，是讲述者和被讲述者共同构建的产物，即在讲述者和研究者之间共同构建的对话中被创造的。因为无论是研究者还是讲述者都不知道在讲述过程中会发生什么。他们无法事先控制"什么情绪会被唤起，什么幻想破灭，什么狂想曲被调用，什么揭露被演唱，他们将去哪儿跳舞"[②]。在这个意义上，"'我的故事'永远不可能完全是我的"。正是对自己和他人构建、讲述和重述个人故事，促进了讲述者个人自我理解，因为讲故事的人也在倾听自己的故事，反思故事，审视故事，并意识到"主体性是如何分裂、变化和转化的"。不仅如此，在讲述的过程中，研究者倾听别人的故事，也会关注到自己与讲述者之间的差异，促进自我审视，发展自我。正因为如此，与传统的研究者角色不同，生活史研究者必须"跟随而不是引导，倾听而不是质疑，克制而不是探究"。

生活史追求叙述个人的故事。因为故事是一种重要的认识材料，

---

① E. M. Bruner. "The Opening Up of Anthropology ". in E. M. Bruner. Text, Play, and Story: the Construction and Reconstruction of Self and Society [M]. Washington, DC: The American Ethnological Society, 1984:1–18.

② S. G. Kouritzin. Bringing Life to Research: Life History Research and ESL [J]. TESL Canada Journal, 2000, 17(2): 1–4.

故事依赖于个人的主观讲述，依赖于个体对生活历史的开放以及对历史的重新解释。故事使个体"内省"自己的生活，让我们深入个体生活，呈现生活的"内幕"。故事的讲述在某种意义上是对生活的建构，是赋予故事以秩序和意义。因此，生活史最合适的提问技术是：请告诉我你的生活故事。

三、转向故事的背后

历史学家柯斯卡认为：孤立于更广阔的语境之外而把注意力只集中在历史的"琐碎"方面，就会使历史知识成为不可能而且导致历史学的烦琐化。因此就有一种危险，即日常生活史可能退化成为逸闻趣事和发思古之幽情。[①] 的确，"小历史"的书写从来不是对大规模社会与政治过程分析的代替品，也从来不能脱离更大的语境。生活史专家最初只考虑抓住个人的真实，在获得更重要的普适性真实的问题上，他（她）保持了沉默。所以佩特拉·芒罗（Petra Munro）就警告这种个体去情景化的危险，认为"生活史需要一个历史的、文化的、政治的和社会的情景，以避免浪漫化个人，从而再现英雄叙事"[②]。只有将个人的生活故事置于更宏大的社会文化背景中，才能了解政治、经济、宗教、家庭结构以及教育等，这样才能充分理解个人生活的事件和经历怎样受到环境的影响，个体为什么会做出这样的选择或出现这样的事件。甚至可以说，如果我们不经常提到历史的变化，就无法讲述个人的生活历史。很多人总是用"二战以后""新中国成立的时候""刚刚改革开放"等作为时间事件

---

① [美] 伊格尔斯. 二十世纪的历史学：从科学的客观性到后现代的挑战 [M]. 何兆武，译. 济南：山东大学出版社，2006：120.
② J. A. Hatch, R. Wisniewski. Life History and Narrative [M]. Washington, DC: The Falmer Press, 1995: 117.

的标识和顺序来讲述个人的故事。人不能生活在真空中，人是所生活时代的产物；生活也不仅仅是个体生活，生活也由时代所塑造。个人生活的开始已经在一个故事的进行中。"这正如我们走入舞台，进入一场已经在上演的戏剧——这出戏剧的开放情节决定了我们可以扮演的角色和可能的结局。舞台上的其他人已经形成了对戏剧的认识。足够的认识使他们与新来者的谈判成为可能。"[①] 在更加广泛的层面上，任何事件，无论看起来多么遥远，在我们探究其他事件的意义时，都不能先验地认为是无关紧要的而放弃考虑，因为它们共同构成了一条没有真正开始或结束的链条。因此，生活史研究喊出"情景就是一切"的口号，将"生活在情景中"作为生活史研究最重要的艺术。

生活史对个体生活独特性的关注，并不排除对普遍性的探索。历史学家也认为：没有任何理由说，一部研究广阔的社会转型的史学著作和一部把注意力集中在个体生存上的史学著作就不能共存并且互相补充，历史学家的任务应该是探索历史经验在这两个层次之间的联系。[②] 生活史虽然将个人作为研究的分析单位，但研究的目的显然不仅仅是聆听某个人的生活故事，而是试图理解更大的概念，例如文化、社会是如何被一个人定义和理解的。因此，生活史研究超越了"私人"。以丹尼尔·贝尔托的观点表达就是：生活史研究需要"超越聆听"，试图超越某个人的话语，聆听社会文化的言论。[③] 生活史内含着"以小见大""一滴水见太阳"的追求和目的；它"这

---

① J. S. Bruner. Acts of Meaning [M]. Cambridge, MA: Harvard University Press, 1990: 34.

② [美] 伊格尔斯. 二十世纪的历史学：从科学的客观性到后现代的挑战 [M]. 何兆武，译. 济南：山东大学出版社，2006：119.

③ S. G. Kouritzin. Bringing Life to Research: Life History Research and ESL [J]. TESL Canada Journal, 2000, 17(2): 1-4.

种对个体的关注，是为了更深刻地理解意识形态与文化、自我与社会的复杂关系"。生活史通过认识和理解一个人日常决策的复杂性，以及这种复杂性在其生活中所产生的结果，从而获得对更广泛集体的洞察力；生活史是利用个人的经验来产生更广泛的背景意义。所以多拉德说，他相信在最好的生活史研究中，"我们必须牢牢记住由他人和主体所定义的环境。这样的历史不仅有两个环境定义，而且让我们清晰地看到外在环境的力量以及个体内部环境的力量。"①按照这个标准，他将生活史作为理解文化和社会现象的一种方式，而不仅仅为了理解个人生活和个性。同样，在心理学中，心理学家将个人的故事视为了解心理状况和个性发展的窗口；在社会学家那里，他们将个体的生活故事视为社会状况鲜活而生动的诠释；而人类学家则将个体视为文化的信息员。②总之，生活史的研究聚焦于个体生活，但其更广泛的目的是超越个体，转向个体故事的背后，去探索个体的生活史所反映出的社会历史。

杜威认为："生活故事不仅是个人的，也是社会的。我们必须学会在个人和社会之间移动，思考过去、现在和未来，把这些都置于广泛的社会环境之中。"这恰如米尔斯提出的"社会学的想象力"，一种把个人困扰上升为公共论题的心智品质，一种在个体与社会结构之间来回穿梭的能力。在这个意义上，生活史的研究也需要"想象力"，一种在个人生活故事和生活背景之间自觉交互分析的能力。在生活史的想象力中，转向故事背后对个体生活背景的每一次探索，都会让我们更好地理解个体的抉择、意外和机遇；而对个体生活故事理解的每一次提升，也会使我们更加理解故事背后社会生活的复

---

① J. Dollard. Criteria for the Life History [M]. NY: Peter Smith, 1949: 32.
② A. Cole, J. Knowles. Lives in Context: The Art of Life History Research [M]. Walnut Creek, CA: AltaMira Press, 2001:12.

杂。生活史研究的标志之一就是：见树又见林。

第三节　生活史作为理解教育的视角或方法

任何研究视角或方法都应该始终与研究问题和理论相适应，不同的研究问题和理论需要不同的方法。为了理解生活史在教育中的应用问题，我们应该首先探讨生活史与教育研究适切性的问题——也就是教育研究是否需要生活史，生活史的特征能否满足教育研究的需要的问题。只有"双向奔赴"，才能修成正果。

杜威早已论证"教育即生活"，这意味着教育与生活根本不是截然分开的两个领域，教育就是生活或教育在生活中。因此，生活与教育具有根本的内在一致性。那么，从最宽泛的意义来讲，研究生活的方法自然也可以探索教育。生活史作为研究教育的方法具有毋庸置疑的合理性。但是我们还应该注意到教育与生活的区别、教育活动的相对独立性。那么，在严格意义上，研究个人的生活史能否用来研究教育，就是一个值得思考和探索的问题了。当然，生活史的应用已然十分广泛，其广泛的适用性已经得到证明。但生活史与教育研究适切性的探索，仍然极具意义。这不仅让我们更加深入地理解作为方法的生活史，同时也让我们重新反思教育研究中存在的方法问题。

一、生活史作为话筒：发出沉默者的声音

埃尔巴兹（Elbaz）指出，如果使用"声音"这个概念，这个词就总是在先前沉默的背景下使用，它是一个政治用法，也是一个认识论用法。"谁能发声""谁拥有自己的声音"或"拥有真实的声音"，声音问题从来不是一个内部化的私人话语的问题，而是一个

事关教育公正和平等的问题。在教育研究中，也充满了找到自己声音或寻求发出自己声音的例子。但是教育中更多的个体是"静悄悄"的，他们不能或无法发出自己的声音，成为"沉默的大多数"。正如麦克拉伦（Peter McLaren）所分析的那样，在学校中，所谓学校的声音往往代表巴赫金所说的"权威话语"。"权威话语"很少或根本没有灵活性和自由度。① 在这种语境中，教师只能遵循执行，缺少发出自己声音的空间。在师生互动的场域中，教师的声音反映了教师用来理解和调解学生的历史、文化和主观性的价值观、意识形态和结构原则。在日常的教学活动中，就像学校的声音一样，教师的声音分享了一种权威的话语，这种话语常常使学生的声音安静下来。不仅如此，在教师和学生的声音中，不仅涉及不同的声音，还涉及分层声音的问题。在本已缺少发声机会的教师和学生中，还存在着格外"沉默"的群体，比如女性教师、边缘学生等。他们与同群体的其他个体相比，经常被故意排除在可能表达的机会之外。

教师和学生的声音很重要。因为教育中每个个体都不应该被忽略。我们不能为了满足抽象和概括的追求而将人们简化为事实和数字，也不能以效率和秩序的名义将人们变为被动的个体。"个体带着自己的性情、历史和目的来到教育情境中，不同的个体显然会以不同的方式和结果与给定的教育结构互动。"② 所以古德森不止一遍地强调：在理解像教学这样强烈个人化的活动时，我们必须了解教师，听听教师怎么说。教学是从教师的内在生活中流出的，教师的生活不仅影响所教的内容，而且影响所学的内容；在更深远的、更

---

① P. McLaren. Life in Schools: An Introduction to Critical Pedagogy in the Foundations of Education [M]. NY: Lengman,1998.

② R. Dhunpath. Archaeology of a Language Development Non Governmental Organisation: Excavating the Identity of the English Language Educational Trust [M]. Saarbrücken: Lambert Academic Publishing, 2010: 52.

有意义的问题上，例如一个人成为教师的原因或者他为什么采用特定的教学方式，又或者作为一名教师如何适应生活的其他方面，比如为人父母等。任何教师生活中的类似问题都会影响教育教学。同时，我们也必须关注学生的声音。在弗莱雷看来，教育不仅具有传递知识的功能，还具有解放的意义。解放的目的无疑就是唤起个体的自我意识。那么，是什么因素唤起了个体主动学习的意识？又是什么事件让学生被迫中断学业？我们必须系统地倾听学生，尤其是边缘群体的声音。"声音暗示了学生们所拥有的使自己被'听到'并将自己定义为世界上的积极参与者的手段。"① 在这个意义上，我们需要寻求一种途径或方法，让"沉默者"发声，让每个个体的声音被听到。

事实上，生活史方法是个人主义和个人的，因为它依赖于"强烈特质的个人动态"，这是该方法的一个定义特征。它以生动和接地气的方式展示了一个人具体的快乐和痛苦，这是其他收集数据的方法所不具备的。罗伯特·巴勒 (Robert V. Bullough) 认为："要理解教育事件，就必须面对传记。如果研究人员想知道'谁''在哪里''有多少人'和'什么样的人'，那么就时间或资源而言，进行详细的面谈从而产生大量的数据，然后加以转录和分析可能是不必要和不经济的。……如果他们想知道'为什么''如何''它是什么样的''它对你意味着什么'，那么他们可能会被建议将生活史方法纳入他们的调查模式。"② 因为生活史永远是单一生命的历史。

---

① P. McLaren. Life in Schools: An Introduction to Critical Pedagogy [M]. Boston: Pearson Education, 2007: 243–245, 51–53.

② Robert V. Bullough. "Musings on Life Writing: Biography and Case Study in Teacher Education ". in C. Kridel. Writing Educational Biography: Explorations in Qualitative Research [M]. NY: Garland, 1998: 19–32.

它把个体从人群中拉出来，避免以一种静态的、去人格化的群体倾向遮蔽个体，从而发现个体生活经历的独特性；同时抛弃量化研究浮现出的表面特征，致力于呈现个体经验和情感的丰富性；生活史不局限于理解个体生活的片段，而将这些片段嵌入个体叙事的整体。安德鲁·斯巴克斯（Andrew Sparkes）就认为，生活史"呈现出比其他形式的定性探究中的'扁平'、看似非理性、线性的人物更'圆润'、更可信的人物形象"①。

不仅如此，生活史强调主体的价值，追求讲述"自己的故事"。因此生活史给了个体讲述自己故事的机会，给了个体讲述故事来龙去脉的机会，给了个体在叙述故事中表达自己主观意见的机会。每个人都通过不同的实践和思想的棱镜看世界，去体验生活，这是一种有价值的差异。也正因为这种差异，主体自己的生活叙事代表了一种独特的力量，这是任何宏大叙事都不能代替的，也是其他人无法代言的。在这个意义上，一个老师的生活不是被当作麻烦来讲述，也不是一个不值得一提的故事。个体生活史的叙述，是提供给个体一个"话筒"，让个体发出自己的声音，一种"解放"的"声音"。"声音从来不是预设存在和等待发现，从来不是固定不变的，从不轻易分离成公共的、独特的私人和自然存在的领域，从来不是与特定的社会和历史无关的。"②发出声音需要途径，需要情景，才能流向他人，才能被他人理解、重视和产生作用。甚至在很多情况下，需要多重声音，需要"复调"，声音才能被放大，成为被听到的声

---

① J. A. Hatch, R. Wisniewski. "Life History and Narrative: Questions, Issues and Exemplary Works ". in J. A. Hatch, R. Wisniewski. Life History and Narrative [M]. Washington, DC: The Falmer Press, 1995: 113–136.

② P. McLaren. Life in Schools: An Introduction to Critical Pedagogy [M]. Boston: Pearson Education, 2007: 243–245, 51–53.

音。无疑，生活史给了被结构淹没的个体或因边缘化被忽视的个体发声的机会。

二、生活史作为窗口：见到个体的主观经验

法拉第和肯尼斯·布鲁默谴责社会学家主要关注大众现象，而牺牲了构成它们的个人生活史。教育研究中何尝不是如此？研究者把教学和课程作为研究的焦点，却把教师的日常生活与职业分开，把教师和教学区隔。"教学活动不切实际地沦为脱离主观性的角色表现。"研究者看到了教学和课程的变化，却忽视了教师在时间中的变化、在环境中的变化。教师被设定为一个静止不变的背景。研究者关注到了学生在课堂中的表现及存在的问题，却完全忽视个体的成长经历和经验对学习动机、情绪的影响。"在回应公众问责的压力时，一些教育工作者继续将教与学规定为一系列线性和可衡量的技能，他们对学生成功（或不成功）掌握这些技能的描述，很少包括对学生和教师在学习和教学经验中的挣扎、恐惧、希望和愿望的描述或询问。他们认为这种反应是'私人的'，与'官方'和'客观'知识的'公开'展示不同，因此也不那么重要。"[①] 不过，当过分关注教育中的现象和问题，并坚持将公众与私人分开，认为公众高于私人时，"教育工作者可能会发现我们的研究和实践冻结在冰冷事实的永恒釉彩中"。毫无疑问，很少有人因为对冰冷的事实着迷而进入教育研究领域，人们更多的是因为对人及其生活的兴趣和关注而从事教育教学的研究。基于上述种种状态，我们需要一种视角或方法把"温暖的生活"带回教育研究中。

---

① J. L. Miller. "Biography, Education, and Questions of the Private Voice ". in C. Kridel. Writing Educational Biography: Explorations in Qualitative Research [M]. NY: Garland, 1998: 225–234.

"从冰冷的事实中引出生活的温暖并不是一件简单的事情"，但又是必需的。因为我们的研究缺乏对人生活的真实感受，所以冰冷而缺乏温度。由此出发，这种引出往往是围绕着个人和私人生活而展开的。个体的生活充满了经验，忠实地呈现个体的经验和他对生活世界的解释是重视个体感受的首要特征。教师如何解释自己的专业现实以及他们如何在课堂上展开教学生活，教师的自我经验的反思胜过其他外在定量的评价和审查的手段。学生对学习的认知和感受，比看得见的行为和分数更真实。另外，人的生活是整体的。所谓的家庭生活、职业生活、社会生活等，都是人为的切分；所谓昨天的生活、今天的生活以及明天的生活，都是出自某种需要的划分。生活的整体性意味着教师不能被切分为家庭中的教师、昨天的教师等，同时也意味着必须将生活的部分置于整体理解中。这样我们才能见到一个"有血有肉""有灵魂有情感"的个体，才能真正理解个人的经历和经验。"也许，当一个人把握住他研究现象的即时复杂性，当他将主体有关现象的意识视为过去事件的产物时，理解就产生了。"当然，引出个人这种"温暖"真实感受进而被人理解是困难的。因为，"我们不能过别人的生活"。真正理解人的经历和情况，需要主观性。这种研究更多的是为获得一种私人情感、主观的生活经验，而不是一般的、客观的公众认识。也就是说，人的真实感受的理解依赖个体的主观经验。但是人的主观意识是极其丰富和复杂的，我们只能倾听他们用语言、形象和行为来谈论他们的生活，感同身受地去理解他们。在这种情况下，最重要的已经不是事件本身，而是事件参与者的理解，以及事件对参与者生活的影响或解决办法。叙述个人的主观经验，讲述个体的故事，才能使教育研究从"一个没有生命的数据和客观力量的世界变成一个充满活生生的人的世界"。

　　法拉第和布鲁默认为：生活史方法在处理个人的主观现实、假设和信念方面具有独特的地位。它强调人们对日常经验的理解以实现行为的解释。[1] 比尔·艾尔斯（Bill Ayers）更是直截了当地指出：生活史和叙事方法是以人为中心，毫无歉意的主观。古德森认为，生活史最大的力量在于它洞察个体的主观现实：它让主体去为他自己说话。因此，在生活史研究中，"我们在交流中邀请主观表达，我们把它们变成文本，我们解释它们，以理解主观的事项或经验。"芝加哥学派的代表人物之一帕克（Robert E. Park），也许对此更加敏感，分析也更加深刻。他指出：就人类而言，正是广泛的精神和想象行为介入刺激和反应之间，才使得人类行为从根本上不同于低等动物。这也使得人类行为，尤其是某些人的行为，变得如此成问题并难以理解。生活史的目的，就是要记录这一内在生活。[2] 也就是说，主观性应该被视为生活史自然或内在探究的对象，被看成生活史固有的属性。

　　在生活史方法中，主观性既被认可又被重视，这使得教育中用来赋予生活意义的个体私人的主观经验得以叙述并被分析。人的主观经验记录构成了教育研究的核心数据。在这个意义上，对于研究者来说，生活史是获得生活经验、理解生活经验主观方面的来源；对于教育中的个体来说，生活史提供了丰富的机会来重新审视和重建自己对个人经验的看法。"生活史是一个人将构成其生活的经验流概念化的方式"，也就是当事人"自己的故事"，因此生活史可以作为经验的轨迹、个体生活的经验历程。在认识论层面，与其说

① J. Beynon. "Institutional Change and Career Histories in a Comprehensive School". in S. J. Ball, I. F. Goodson. Teachers' Lives and Careers [M]. London: The Falmer Press, 1985: 165.

② N. K. Denzin. The Research Act: A Theoretical Introduction to Sociological Methods (1st ed.) [M]. NY: Routledge, 2009: 215.

生活史关注结构或个体，不如说是关注日常社会中成员的直接生活经验。个体的主观经验，提供了一个认识个体生活的窗口，提供了观察个体生活其中的社会变迁的窗口。

三、生活史作为镜子：映出生活情境的力量

社会学理论在其发展历程中，一直存在着宏观范式与微观范式的分歧。管理学中同样也存在理性系统和自然系统模式的差别。教育研究中虽然并没有社会学、管理学中那样明显的范式之争，但是教育研究中同样存在着宏观取向与微观取向的分歧。宏观取向的教育研究重点是从制度和结构层面上展开对教育现象和问题的研究或寻求解释。在此取向下，作为个体的学生和教师是"无形"的，或被忽略的，他们只是社会宏观结构下的被动存在者。基于对宏观取向"只见结构不见人"的反思和批判，微观取向的教育研究认为教育现象并非一个本然存在的"实体"，而是由其中个体（教师和学生）间的互动所建构起来的。因此，微观取向的教育研究主要关注教师和学生之间的互动及其背后的意义，以及这一意义对教育现象的影响，也即更多地以"意义"为中介来理解教育现象。无论教育研究的宏观取向还是微观取向，都存有明显的局限。对于宏观取向的局限，古德森论道："教师和学生都不是俯首听命的'正统'课程的接受者。""课程领域是动态的人为过程，这个过程充满了一个教师生活的艰难与荆棘、潮涨与潮落、欢乐与失望、阴谋与反阴谋……至少在某种程度上，个体可以（确实也能够）自己制订课程，并且可以很深地参与到课程中。"对于微观取向的局限，古德森认为：由于对决定论模式过度反应，这种情境强调通常不能和历史过程有任何联系。因此，当互动论者将兴趣保留在行动者的意义客体上，这些意义越来越被看成是集体产生的用于应付特定情境的，而非个

人或集体自传的产物。① 正因为如此，教育研究中需要一种整合宏观与微观的研究范式，来融合结构与个人、互动与情境等维度。

鲁比·杜恩帕斯 (Rubby Dhunpath) 认为"生活史方法可能是理解动机和实践如何反映后现代世界中制度和个人经验的密切交集的唯一真实手段"②。因为生活史并没有沉醉于个人生活的日记、故事、档案或者轶事，"生活史将一个人的生活置于一个更大的范围：它使个人生活既有生活经验的内涵，也有其所生活的更广泛的社会和经济制度背景"③。多拉德同样提出了类似的观点：生活史使我们能够在历史连续性的、更广泛的框架内将个人置于情境中，并提供了探索文化、社会结构和个人生活经验之间关系的前景。④ 也就是说，生活史尽管始于主体意识，却落脚于其中社会结构的烙印。教师的生活研究关键点不仅是找到教师自己的生活历史，更重要的是在更广泛背景下进行分析。学生写下自己的生活故事，分析的目的是让学生将自己的故事置于其家庭背景中、当地社区和更广泛的社会文化结构的框架内。个人的生活轨迹只有在更广泛的家庭、教育、历史和社会文化背景下才能清楚地被理解。在这个意义上，生活史实现了教育中宏观和微观的整合，结束了教育研究中宏观与微观的分歧。它提供了探寻文化、社会结构与个体生活之间关系的一个途径。

---

① 汤美娟.整合宏观与微观：教育生活史的方法论意涵 [J].当代教育科学，2012（23）.
② R. Dhunpath. Life History Methodology: "Narradigm " Regained [J]. International Journal of Qualitative Studies in Education, 2000, 13(5): 543–551.
③ J. G. Knowles. "Life-History Accounts as Mirrors: A Practical Avenue for the Conceptualization of Reflection in Teacher Education ". in J. Calderhead, P. Gates. Conceptualizing Reflection in Teacher Development [M]. Washington, DC: The Falmer Press, 1993.
④ J. Beynon. "Institutional Change and Career Histories in a Comprehensive School ", in S. J. Ball, I. F. Goodson. Teachers' Lives and Careers [M]. London: The Falmer Press, 1985: 165.

生活史作为镜子的意义还不止于此。如果仅仅为了弥合宏观和微观的分歧，民族志可能也能完成任务。但是生活史是"历史性的"，因此有望增加民族志案例研究的深度。生活史不仅把个人主观经验置于结构中，还把那些事件置于一个历史序列中。"虽然生活史可能是在一个特定的时间点收集资料，但它揭示了在这个人的一生中，在更广泛的世界上发生的历史变化。"① 也就是说，生活史要求我们将每个人的生活置于更广阔的历史背景中，关注个体相对"长时段"生活的变化轨迹和历程。透过个体生活轨迹的变化，"生活史让我们看到了一个人与他所处时代历史的关系。详细而充分的生活史，记录了特定历史时期的社会、经济和心理影响如何'侵入'个体的行为和意识。"② 简而言之，人们通过研究生活历史中的个人，在个体生活中看见历史。

历史的维度还提示我们，要重视过去的意义和重要性。因为历史不但是对过去的讲述和对故事的记录，还是构建今天以及未来的元素。重要的历史元素，如果被联系起来，有助于赋予现在以意义。生活史也是如此。从昨天到今天再到未来，个体的生活不是断裂的，是一直延续的，是过程性的。个体今天的生活，不仅受到当下社会、经济等方面的影响，也受到个体昨天生活的影响、受到个体生活的社会历史影响。个体不仅是生活中的个体，还是历史中的个体。史学家"将生活史主体看作社会传播链条中的一环。通过个体之前的环节获得个体当下的文化。其他的环节将随他而至并通过他传递传统的潮流。生活史力图描述社会传播过程中的一个单元：生活史是

---

① A. Faraday, K. Plummer. Doing Life Histories [J]. Sociological Review, 1979, 27(4): 773-798.

② I. Goodson. Life Histories and the Study of Schooling [J]. Interchange, 1980, 11(4): 62-76.

具有复杂历史连续性的集体生活的一个组成部分"[①]。在这个意义上，生活史必须始终与社会史联系。安德鲁·斯巴克斯同样指出：鉴于生命史必须不断地在个人不断变化的传记史和他（她）一生的社会史之间移动，它可以提供对变化过程的有力洞察。同样，它比大多数其他形式的定性研究更能跨越微观—宏观界面。[②]

　　"以生活为镜"，映出情境的变化；"以史为镜"，见证生活的变迁。生活史作为镜子，融合了教育研究的宏观和微观，并超越了宏观和微观，从而开辟了一条独特的研究路径。

---

①　J. Dollard. Criteria for the Life History [M]. NY: Peter Smith, 1949: 15.

②　J. A. Hatch, R. Wisniewski. "Life History and Narrative: Questions, Issues and Exemplary Works ". in J. A. Hatch, R. Wisniewski. Life History and Narrative [M]. Washington, DC: The Falmer Press, 1995: 113–136.

第二章

教育生活史的引入与发展

生活史方法是研究者在解决和解释现实生活问题的过程中逐渐出现、形成和完善的。因此，生活史发展脉络的回顾，目的是使我们更加清晰地理解生活史的内涵，发现生活史在不同学科的认识路径，使教育生活史更好地借鉴和比较生活史在其他学科发展的经验。教育生活史发展历史的梳理，目的是让我们更加全面了解生活史在教育中的应用现状，更好地继承和拓展教育生活史的研究。

第一节　生活史的发展脉络

生活史在社会科学领域中有着长时间、深厚的传统，在人类学、社会学、心理学、历史学等学科方面有着广泛的应用。由于传统丰富，道路崎岖，我们实际上很难清晰勾勒出生活史的发展脉络，只能进行分学科、切割式的整理和描述，以期呈现生活史多学科的发展现状。

一、生活史的源头及其在人类学中的发展

也许是为了在学术上获得更多的承认和更多学者的青睐，生活

史的认识往往从追溯和检查其学术源头开始，以此证明其"学术血统"的合法性。在这种溯源中，人们普遍承认，20 世纪 20 年代的芝加哥学派代表了一个黄金时代的生活史研究。事实上，在芝加哥学派作为生活史第一个耀眼的里程碑之前，第一批生活史的研究作品是美洲原住民酋长的自传。这些自传是由人类学家在 20 世纪初收集和编辑而成的。

例如，1906 年巴雷特（Stephen Melvil Barrett）记录并编辑了《杰罗尼莫的生活故事》（*Geronimo's Story of His Life*）；1919 年沃利斯（Wallis）使用个人叙事对太阳舞（the Sun Dance）进行了记述；1921 年爱德华·萨丕尔（Edward Sapir）出版了努特卡印第安人的短生活的记述著作。萨丕尔的作品恰恰反映了当时研究者对个人研究日益增长的兴趣。1926 年保罗·拉丁（Paul Radin）编辑出版了《一个印第安人的自传》（*Crashing Thunder: The Autobiography of an American Indian*），这本著名的著作"标志着专业人类学家在传记领域真正严谨工作的开始"，当然在很久以前就已经有一些专业性质的工作。后来还有沃尔特·戴克（Walter Dyk）编辑的《海特老人之子：一位纳瓦霍人的自传》（*Son of Old Man Hat: A Navaho Autobiography*）以及利奥·威廉·西蒙斯（Leo William Simmons）编辑的《太阳首领：霍皮印第安人》（*Sun Chief: The Autobiography of a Hopi Indian*）等。

从历史的视角来看，爱德华·萨丕尔和保罗·拉丁对生活史材料的使用产生了最大和最持久的影响。萨丕尔的贡献主要在于他为生活史与学科之间架起了桥梁。他将生活史的材料运用到了心理学、精神病学以及人类学学科中，极大地影响了文化与人格学派（culture-and-personality school）。他影响了鲁斯·本尼迪克特（Ruth Benedict）以及沃尔特·戴克，进而持续影响到了今天人类学家对传记的使用。由此也可以看出，萨丕尔之所以对生活史材料感兴趣，是因为他同样对心理学、精神病学等有着浓厚的兴趣。生活史材料与这些学科知识的结合，是其研究的志趣所在。

但是拉丁对生活史材料的兴趣似乎与萨丕尔非常不同。正是因为这种不同，拉丁的工作对后来传记的研究产生了更大的影响。与萨丕尔不同，拉丁只对文化感兴趣，却忽视了个人本身、"文化中的个人"或个性。他只是将传记作为一种文化的存在，而不是心理或心理文化的档案。1920 年，他发表了一篇篇幅较长的文章，主张需要传记资料来补充更为常见的人类学记述。他认为：这样做的目的不是为了获得某个特定人物的自传式的细节，而是为了让某个有代表性的中年人有能力描述他与他成长的社会群体之间的关系。因此，虽然他的《一个印第安人的自传》是一部影响力巨大的作品并刺激许多人类学家重视传记的使用，但是，这个作品并没有心理研究的导向或意图，同时也没有置于文化人格的传统中，只是停留在收集和记录印第安人的文化事实的层面。作为弗朗兹·博厄斯（Franz Boas）的学生，拉丁显然继承了老师当时的学术传统。除了一些例外，"他们更关心收集和记录民族志事实，而不是分析这些材料。"因为他们认为随着印第安人文化的迅速消失，尽可能保留和挽救这些文化是至关重要的，分析只能以后进行。因此，这时大部分人类学的传记都是为了澄清或描绘人类存在的文化层面，而不是在更多的层面展开深入的研究。

尽管这种站在拯救濒危印第安文化立场之上的民族志自传著作很多聚焦于杰出人物的生活史研究，但是这种生活史也只是停留在一种材料的收集上，相当多的人未能充分认识到生活史研究所具有的学术意义。甚至在收集的方法上，也并不完全合理。在很多的情况下，没有民族志的注释，或者注释不完整、不充分。克莱德·克

拉克洪 (Clyde Kluckhohn) 概括和总结了当时生活史材料的缺点。他近乎以清单的方式列出了当时生活史研究涉及可靠性、有效性以及解释等方面存在的问题，主要包括：历史传记和自传质量参差不齐；而且大多数并没有被分析和解释以及系统地利用；在材料收集上有关"代表性"的问题广受批评。但是，他同时也看到了生活史具有的潜在优势：生活史可以"作为隐含主题的线索，作为角色的记录，作为社会和文化的证明，作为了解人格的一个入口，作为对一种生活方式的'情感结构'的一种看法，作为一种理解社会内部变化的手段，以及作为看到不同民族之间'共同人性'的手段"①。

1945 年左右，随着对"文化与人格"兴趣的日益增加，人们逐渐汇聚对生活史材料和个人的热情，试图融合萨丕尔和拉丁的观点于一体。在这种有意义的尝试中，两个典型且非常有影响力的代表作品就是杜波依斯（Cora DuBois）的《阿罗人》（*The People of Alor*）和卡丁纳（Abram Kardiner）的《社会的心理前沿》（*The Psychological Frontiers of Society*）。虽然这两本书并不是当时唯一表达对个人或文化与人格兴趣的书，但是确实是在文化背景下使用生活史资料，以获得独特人格类型的重要作品。若想探讨文化作为变量与人格之间的关系，使用生活史资料是这种思维模式的必然。卡丁纳的书对后来的人类学产生了深远的影响。文化与人格作为学科已经确立，卡丁纳假设的两者之间的互惠关系仍然是人们感兴趣的研究前沿，但是在其中对生活史资料的使用方法却没有延续下来。因为人们对生活史的兴趣大多仍然停留在最基本的形式上，即"使用生活史资料来理解文化"。

---

① D. G. Mandelbaum. The Study of Life History: Gandhi [J]. Current Anthropology, 1973, 14(3): 177–206.

自杜波依斯和卡丁纳等人的著作问世以来，使用个人档案材料作为描绘文化的基础似乎更为普遍。奥斯卡·刘易斯（Oscar Lewis）无疑是生活史最伟大的支持者。他将研究的焦点放在贫困文化上，创作了迄今为止最详细、最清晰的传记，他获得的证据相当一部分来自墨西哥和波多黎各家庭的自传。从文学的角度来看，它是迄今为止最为动人、最具美感的传记。在《桑切斯的孩子们》（*The Children of Sanchez*）一书中，我们可以发现，作者通过家庭成员的视角，对城市贫困进行了精妙的描述。人们还可以深入了解家庭成员的性格以及贫穷文化对性格形成的影响。很少有人关心人格与社会结构之间的理论关系、行动者的动机和他们选择替代行动之间的关系，或者这些人格对文化本身的影响。

正如刘易斯的努力一样，生活史经常被用来描述文化或人类学中被忽略的某些方面。正是在这种特质的引导下，在 20 世纪四五十年代出现了诸多有关女性生活史的研究。1948 年，爱丽丝·马里奥特（Alice Marriott）出版了《玛丽亚：圣伊尔德丰索的波特》（*Maria: The Potter of San Ildefonso*）。1954 年，M. F. 史密斯（M. F. Smith）出版了一本非常出色的豪萨族（Hausa）妇女的长篇自传。1961 年，南希·卢里（Nancy Lurie）出版了一本篇幅较短但同样优秀的自传体小说《山狼女》（*Mountain Wolf Woman*）。丹尼斯·保尔姆（Denise Paulme）大约在这个时候编辑了《热带非洲的妇女》（*Women of Tropical Africa*，1963）一书，该书由六篇文章组成，专门讨论非洲社会中妇女的地位。其中大多数内容在某种程度上是基于传记数据的创作。

另外，延续人类学对文化的关注，文化变迁一直是被关注的焦点，而对文化变迁的研究显然是使用生活史材料的地方。特别对于那些处于变迁前沿的人，那些最有动力进行变革的所谓"离经叛道者、心怀不满者和不快乐者"，生活史研究的价值是显而易见的。例如，1958 年贝克特（Beckett）撰写的《边缘人：两个半种姓原住民的研究》（*Marginal Men: A Study of Two Half-Caste Aborigines*）；史密斯（M. G. Smith）曾写过一个"邪教领袖"（1959），施瓦茨（Schwartz，1962）也写过。孟德尔鲍姆（Mandelbaum）的《人民的改革者》（*A Reformer of His People*，1960）和沃格特（Voget）的《休休尼革新者》（*A Shoshone Innovator*，1950）同样聚焦于此。马赫（Maher）还有一本关于文化变迁的好书《巴布亚新人们》（*New Men of Papua*，1961），他在书中讨论了汤米·卡布（Tommy Kabu）的生活和对普拉里（Purari）文化的影响。这些研究在很大程度上是使用生活史的资料来展示人格对文化的影响。与之相反，人类学研究同样探索了"文化与人格"关系的另一维度，即文化对个人人格的影响。例如，大卫·阿伯勒（David Aberle）的《霍皮人生活史的社会心理分析》（*The Psychosocial Analysis of a Hopi Life History*）是系统分析霍皮人文化对个人人格影响的最好尝试之一。阿伯勒使用生活史调和看似不同的有关霍皮文化的观点。而威廉·瑟尔在其《萨米·路易斯》（*Sammy Louis*，1956）中结合生活史的方法描绘了麦科马克文化（micmac culture）。他关注的是文化对人格的影响、文化变化对人格的特殊方面，如心理健康的深刻影响。

正如我们所看到的，传统的人类学的兴趣始终是文化，包括美洲印第安人文化、异域少数族群文化、穷人文化、女性群体文化、特殊群体文化等。因此人类学家的主要任务就是描述文化及其演变和传播。在这样的背景下，大部分生活史作品自然是描述性的，而且要求对文化进行准确的描述。这也就造成了生活史作品中缺乏普遍的分析和解释，只是将传记作为一种文化文献。即便当人类学家开始关注人格和心理变量时，他们也没有放弃对文化的关注，他们只是将个体作为一种文化样态的表征。但是正如斯皮罗（Spiro）所指出的："文化和（或）社会系统本身并不独立存在，它们的运行和维持在很大程度上取决于它们作为社会成员的个性（作为认知或情感变量）的内化。"这也就意味着在文化研究中不能仅仅把个体作为文化表征的工具，应该将个体看作文化建构的参与者，进而重新定位文化与人格的关系。"如果我们把文化作为被解释项，用人格作为解释项，并把人格或人格衍生物的概念作为我们中心分析工作，那么使用详细、准确且敏感的生活史将是必需的"，在某种意义上，也是不可替代的。这应该是生活史在人类学中的发展趋势。

二、生活史在社会学中的起起伏伏

古德森认为，生活史的方法尽管是由人类学家首创的，却为社会学家所热衷，社会学是生活史不可忽视的"战场"。在社会学中，生活史发展的里程碑主要出现在 20 世纪 20 年代，出现在托马斯和兹纳涅茨基（Thomas and Znaniecki, 1918—1920）的庞大研究报告《身处欧美的波兰农民》（*The Polish Peasant in Europe and America*）出版之后。托马斯和兹纳涅茨基的作品主要依靠移民到美国的波兰人的自传式叙述，以及他们的日记和信件来探索族裔认同和亚文化问题。在长达五卷 2200 多页的研究中，他们提供了近 800 页的生活史数据来支持他们的结论。这些数据包括报纸、文章、给家庭成员的信、法院和社会工作机构的记录，以及一本 300 多页的作为代表性案例的个人传记。他们的研究在社会学研究中首开生活史研究之风气。1938 年美国社会科学委员会（the Social Science Research Council）将这项完全依赖生活史的研究评为当时社会学领域最杰出的研究。对于托马斯和兹纳涅茨基来说，之所以将生活史作为分析的材料或数据来源，是因为生活史具有其他方法无法比拟的优势。他们认为：

> 在分析个人的经历和态度时，我们通常接触到的数据以及基本事实并非专门局限在这个个体的本身，而是被视为细小的发生率，或多或少地代表数据或事实的大致分类，因此可以被用作对社会变迁规律的确定。不管我们是从具体个人的生活记录还是群体现象的观察中提取用来进行社会学分析的材料，社会学分析存在的问题是一样的。但即使在我们探寻抽象规律时，尽可能完整的生活记录也是社会学材料的完美类型。与此同时，如果社会科学还需要使用其他资料，这只是因为：当下要获得足够数量的记录，以涉及社会学问题的全部和对所有个体资料进行充分分析以确定社会群体特征所需的巨大工作量都面临着操作性困难。如果我们被迫将群体现象用作资料或某类事件，而忽略参与其中的个体的生活史，这是我们现有社会学方法的缺陷而非优势。[①]

托马斯和兹纳涅茨基的开创性工作确立了生活史作为一种真正的研究手段。继而在芝加哥学派领军人物罗伯特·帕克（Robert Park）的推动下，学派社会学研究的兴盛进一步巩固了生活史的突出地位。20世纪20年代至40年代，芝加哥学派的城市社会学研究十分关注社会底层和边缘群体，如贫民窟、移民、帮会、犯罪群体等，策划并出版了大量生活史研究。例如，特拉希尔（Frederic Thrasher）的《帮派》（*The Gang*，1927）；佐鲍尔（Harvey Zorbaugh）的《黄金海岸和贫民窟》（*The Golden Coast and the Slum*，1929）；安德森

---

① I. Goodson. The Story of Life History: Origins of the Life History Method in Sociology [J]. Identity, 2001(2): 129–142.

（Anderson）的《流浪汉》（ *The Hobo* ，1923 ）。

随着克利福德·肖（Clifford Shaw）的《打劫犯：一位少年犯自身的故事》（ *The Jack-Roller: A Delinquent Boy's Own Story* ）、埃德温·萨瑟兰（Edwin Hardin Sutherland）的《职业小偷》（ *The Professional Thief* ）的出版，生活史的研究在 20 世纪 30 年代左右到达了顶峰。克利福德·肖研究的是一个年幼的惯偷。他在书中写道："这个孩子的'个人故事'在确定儿童的个人态度、情绪和兴趣方面是无与伦比的；换言之，它显示了他如何在与他人的关系中接受自己的角色，以及他怎样解释自己身处的环境。正是在个人档案中，儿童透露出他如何看待低贱与高贵、恐惧与忧虑、理想和生活哲学、敌意和内心冲突、成见与安心。"[①] 也就是说，"一个孩子的个人生活史往往被视作一个社会成员成长历程的微缩形式。"霍华德·S. 贝克尔（Howard S. Becker）评论克利福德·肖的研究，指出：

> 《打劫犯》使我们在最深层次上改进我们的理论：让我们真正贴近研究对象，感觉并意识到我们对这些人深深的偏见，而这些偏见通常是渗透在我们的思维中，进而塑造了我们所研究的各种问题。通过真正进入研究对象的生活，我们可以看到那些我们认为理所当然的东西（不应该）涉及我们的研究——那些嵌入我们研究中有关罪犯、贫民窟和波兰人的各种假设。[②]

贝克尔的评论点明了生活史方法的魅力。因为生活史材料打破

---

① 赵丙祥. 将生命还给社会：传记法作为一种总体叙事方式 [J]. 社会，2019（1）：37–70.

② C. Shaw. The Jack-Roller: A Delinquent Boy's Own Story [M]. Chicago: University of Chicago Press, 1966: XV.

了一般知识分子，特别是社会学家对已知事物的正常假设。成功的生活史研究与社会科学中的其他方法——定量指标或理论结构以及统计表或理想类型有着共同的追求，也即避免人的主观性。不过，古德森认为贝克尔有关生活史的主张只是重申了 20 世纪 30 年代芝加哥学派社会学家同时代人的观点。也许，分析生活史方法论基础最好的尝试是多拉德的《生活史研究的标准》（*Criteria for The Life History*）。

多拉德在 1935 年出版了《生活史研究的标准》，书的中心主题就是通过高度具体的标准给出衡量生活史研究的技术。这些标准是"最初从生活史领域的直接经验中发展出来的，是从文化和心理两个方面产生的……所提出的标准试图阐明我们目前在生活史领域判断文献充分和科学有用性的能力"[①]。希望这些标准有助于生活史"艺术"的实践者以及理论工作者，去判断材料并确定所需努力的方向。具体来说，多拉德列出了七个判断生活史技术的标准：

（1）生活史的主题必须作为文化系统中的一个样本；

（2）所述行动的动机必须与社会相关；

（3）必须认识到家庭群体在传播文化方面的特殊作用；

（4）必须将有机材料细化为社会行为的具体方法展示出来；

（5）必须强调从童年到成年经历的连续相关特征；

（6）"社会情景"必须谨慎地、持续地列为一个因素；

（7）生活史材料本身必须加以组织和概念化。

多拉德认为这些标准之所以重要，是因为生活史资料存在一定的缺陷，不能自圆其说；这个标准是为生活史数据的使用提供理论支持的一个重要尝试。

---

① I. Goodson. Life Histories and the Study of Schooling [J]. Interchange, 1980(11): 62-76.

但是极其遗憾的是，多拉德这部构思清晰的著作却"生不逢时"，他对生活史研究的杰出贡献因此而被严重忽视，这部作品并没有广为人知。因为生活史的研究在 20 世纪 30 年代达到顶峰后，一落千丈，几乎被社会学家抛弃了。丹尼尔·贝尔托声称："任何有兴趣将生活故事用于社会研究的人都必须正视这一历史性的崩溃，并寻找其根本原因，它是社会性的，也是方法论的，因为它似乎给技术的未来可行性投上了一层阴影。"① 生活史方法的"衰落"显然与芝加哥学派密切相关。首先，统计方法的日益强大赢得越来越多的社会学家的追随，而在与统计技术的争论中，生活史越来越受到抨击。除此之外，在倾向于民族志的社会学家中，他们把更多的重点放在情景而不是传记作为理解人类行为的基础。另外，芝加哥作为社会学主导中心的衰落也加速了芝加哥社会学方法上的折中主义，进而导致了生活史使用的下降。不过，更根本的原因可能是生活史方法的弱点与当时社会学发展抽象理论的必要性背道而驰。生活史资料不适合社会学强调结构变量、共时分析以及群体属性的特点。因为生活史研究往往似乎只是在"讲故事"，"当社会学高度关注提供详细材料的特定社区、机构或组织时，这些弱点显然不那么重要"②。但是当社会学学科不可抗拒地向抽象理论进行时，就要求社会学开始追求"在他们自己理论的抽象范畴内形成数据，而不是在他们研究的最相关的范畴中形成数据"③。在贝克尔看来，随着抽象学术理论的发展，社会学方法变得更加专业。从本质上讲，这将导致一个

---

① J. Snodgrass. Review: Autobiography and Sociology [J]. Contemporary Sociology, 1983(12): 301–303.

② I. Goodson. The Story of Life History: Origins of the Life History Method in Sociology [J]. Identity, 2001(2): 129–142.

③ H. Becker. Sociological Work: Method and Substance [M]. Chicago: Aldine Publishing Company, 1970: 72.

单项研究的模型，进而忽视社会学方法论和数据来源的多元。"按照这些标准，生活史没有产生明确的结果，人们基本上拒绝投入必要的时间和精力来获取生活史档案。"①1970 年，贝克尔总结了生活史方法在美国社会学家中的命运，他说："鉴于生活史用于各种科学的可能性，人们一定惊讶于其相对被忽视的状态。"

20 世纪 70 年代，实证主义受到了批判，定性方法变得合法且受欢迎。这时生活史出现了一些"轻微的复苏"，特别出现在那些离经叛道的社会学家中。例如，1974 年出版的波格丹（Bogdan）有关变性人的研究，1975 年出版的克劳克斯（Carl B. Klockars）职业销赃人（The Professional Fence）研究，以及跟随 1930 年克利福德·肖有关小偷的研究，钱布里斯（Chambliss）于 1972 年同样做了职业小偷的研究。生活史方法的进一步复兴出现在口述史的先驱保罗·汤普森（Paul Thompson）的作品中，他于 1978 年出版了《过去的声音：口述历史》（The Voice of Past: Oral History）。丹尼尔·贝尔托于1981 年编辑了《传记与社会》（Biography and Society）系列，并在国际社会学协会（International Sociological Association）成立了传记研究委员会（Research Committee of Biography），这极大地推进了生活史的复兴。《传记与社会》中收集的论文大多数都是 1978 年在瑞典举行的第九届世界社会学大会上发表的，也有一些是专门为选集征求的。这本选集的目的是"呈现社会学中使用生活史日益兴起新浪潮的第一个样本"。紧随其后的是肯尼思·布鲁默《生活档案》（Documents of Life，1983，2000 年修订）以及蒂尔尼（Michael J. Tierney）的特刊《定性调查》（Qualitative Inquiry）。

---

① H. Becker. Sociological Work: Method and Substance [M]. Chicago: Aldine Publishing Company, 1970: 73.

　　正如生活史研究衰落与社会学发展密切相关一样，生活史研究的复兴当然与社会学新结构密切相关。佩特拉·芒罗认为："当前对人类经验的主观性、多重性和局部性的关注导致了生活史的方法论的复兴。以前对生活史缺乏代表性和主观性的批评，现在是它最大的长处。"① 因为受后现代状况或现代性反思的影响，社会学研究主题和方向也在转变。除了客观世界外，主观世界的形成也成为一项（个）公认的兴趣和领域。主观的、多重的以及不完全的人类经验成为公开分析的对象。尤其是个体化社会的诞生，也促使社会分析回到研究个人经历和生活史的世界。另外，人们越来越认识到，所有社会科学数据，无论是以话语还是数字形式表示，都是解释。这种认识也逐渐成为社会研究叙事方法的核心原则之一。在这种情况下，生活史被普遍认为是一种合法的数据形式。

　　在这个基础上，德国社会学家弗里茨·舒茨（Fritz Schütze）发展了叙述访谈（narrative interview）。这种方法的重点是把事件序列建立在整个生命过程中采访的数据基础之上。这些序列来自对传记资料的详细分析，特别关注塑造了这个人一生的结构性因素。研究的目标是为诸如生命历程转变、职业模式等提供理论解释。他和黎曼（Cerhard Riemann）于 1991 年在《作为分析痛苦和无序社会过程的基本理论概念的轨迹》② 一文中提供了这个方法的实际应用。同样，邓津于 1989 年发展了一种解释方法。这个方法从概念上借鉴了后现代主义和现象学，从方法论上借鉴了克利福德·吉兹（Clifford

---

① P. H. Munro. Subject to Fiction: Women Teachers' Life History Narratives and the Cultural Politics of Resistance [M]. Buckingham: Open University Press, 1998: 8.

② G. Riemann, F. Schütze. "'Trajectory' as a basic theoretical concept for analyzing suffering and disorderly social processes". in D. R. Maines. Social Organization and Social Process: Essays in Honor of Anselm Strauss [M]. NY: Aldine de Gruyter, 1991: 333–357.

Geertz）对深描的倡导。他称这个方法为解释性传记，目的是研究人们在过渡期发现自己问题情境的转折点。所收集的数据包括档案、讣告、生活史和个人经历的故事。他提出的问题涉及人们如何生活，如何赋予他们生活以意义，以及如何以书面、叙述和口头形式表现出来。

由此可见，生活史在20世纪80年代开始逐渐发生诸多变化，特别对相关概念给予了更加精确的区分，并逐渐进行了更多跨学科的研究。大卫·麦恩斯（David R. Maines）总结了20世纪90年代的研究并指出四个明显的研究特点：第一，实质性研究大大增加；第二，这些实质性研究与历史社会学多有重叠；第三，关注数据收集和分析的方法；第四，生活故事访谈与传记、自传融合发展。[1]这意味着生活史的应用在未来将更加广泛，不仅在研究个体生活的主观阶段，还包括历史和结构方面。

三、生活史在心理学领域中的应用

生活史最初在心理学领域的应用是与人类学重叠的。因为在20世纪30年代，人类学出现了新研究领域，其与心理学的联盟形成了后来的文化与人格学派。爱德华·萨丕尔是其中突出的贡献者。他主张文化人类学和心理学"以一种非常重要的方式携手合作"。在这个基础上，他利用生活史方法"对个人人格进行更细致的分析和比较"[2]，进而来解释文化与个体人格之间的相关性。在萨丕尔之后，

---

[1] David R. Maines. "Life Histories and Narratives ". in E. Borgatta, R. Montgomery. Encyclopedia of Sociology: Second Edition [M]. NY: Macmillan Reference USA, 2000: 1633–1639.

[2] R. J. Preston. Edward Sapir's Anthropology: Style, Structure, and Method [J]. American Anthropologist, 1966(68): 1105–1128 .

围绕文化与人格的关系问题，人类学家和心理学家收集各种生活史资料，描述和解释在不同的文化背景下人们的文化生活和人格问题，例如，杜波依斯（1944）和精神分析学家阿布拉姆·卡丁纳（1945）。但同时，学者们也一直纠结生活史的代表性问题。"卡丁纳强调了获得一个公平的生活史样本的重要性，以便在文化内部和文化之间进行比较，正是这种方法论问题在生活史价值的讨论中占据了突出的位置。"①20 世纪 50 年代，与生活史密切相关的文化与人格学派开始衰落，但是生活史并没有在心理学领域消失。与之类似的方法——生活故事或生活叙事同样作为一种用于收集关于个人整个生活的主观本质信息的研究方法被不同的心理学家使用。"生活故事与生活史之间几乎没区别。这两个术语经常互换使用。"②

罗伯特·阿特金森（Robert Atkinson）认为在严肃的学术研究中使用生活叙事是从心理学开始的。弗洛伊德（Sigmund Freud）在《关于一例偏执狂个案的自传性说明的精神分析评注》（*Psycho-analytic Notes on an Autobiographical Account of a Case of Paranoia*，1958）③中，基于一个素未谋面的"病人"施莱伯（Schreber）所著的一本自传性回忆录，对个案进行精神分析的解释，前所未有地呈现了妄想症患者的心灵运作。他使用这些叙事资料主要是为了把他的精神分析理论应用到个人生活中。奥尔波特（Gordon Willard Allport）用个人档案来研究个体的个性发展。他特别关注使用这些材料的可靠性和有效性问题，在《个人档案在心理科学中的应用》（*The Use of*

---

①　L. C. Watson, M. B. Watson-Franke. Interpreting Life Histories: an Anthropological Inquiry [M]. New Brunswick, NJ: Rutgers University Press, 1985: 9.

②　R. Atkinson. The Life Story Interview [M]. London: Sage Publications, 1998: 125.

③　S. Freud. Psycho-analytic Notes on an Autobiographical Account of a Case of Paranoia [M]. London: Hogarth Press, 1958.

Personal Documents in Psychological Science，1942）[1]中，他批判性地审视了心理学中研究者利用日记或自传研究来源的问题，使个人档案作为研究材料免受教条的行为主义者的影响，恢复其在心理学中的地位。这种方法在埃里克·埃里克森（Erik Erikson）对路德（Luther）和甘地（Gandhi）[2]的研究中达到了成熟。他推广了心理史学的方法，即在更大的社会历史背景下，从身份发展的角度重建和分析历史人物的生活。不仅如此，埃里克森还用生活史来探讨历史时刻如何影响生活。

亨利·穆雷（Henry Murray）是最早用生活叙事研究个人生活以理解人格发展的学者之一。他非常理解生活中的叙事力量，不仅经常采用叙事方法收集有关个人的数据，而且在其著名的案例《美国的伊卡洛斯》（*American Icarus*，1955）[3]研究中也倾向于以叙事的方式来构思生活。他在《人格探究》中首先强调了传记对人格心理学研究的重要性："有机体是由对从出生到死亡在时间上相关的活动的无限复杂感所组成的。由于事件间的有意义联系，个体的生命周期应被视为一个单元：心理长单元。研究有机体存在的一个小时段是可行的，但我们必须认识到这是从整体中随意抽出来的一个部分。有机体的历史是一个有机的整体。这一主张要求传记研究。"[4]

---

① G. W. Allport. The Use of Personal Documents in Psychological Science [M]. NY: Social Science Research Council, 1942.

② E. Erikson. Young Man Luther: A Study in Psychoanalysis and History [M]. NY: Norton, 1958; E. Erikson. Gandhi's Truth: On the Origins of Militant Nonviolence [M]. NY: Norton, 1969.

③ Henry Murray. "American Icarus ". in A. Burton, R. E. Harris. Clinical Studies of Personality (Vol. 3) [M]. NY: Harper & Brothers, 1955: 615–641.

④ D. P. McAdams. Biography, Narrative, and Lives: An Introduction [J]. Journal of Personality, 1988, 56(1): 1–18.

　　显然，在 20 世纪 40 年代，正如奥尔波特、亨利·穆雷以及其他心理学家所指出的：个人生活的研究是学术心理学的中心焦点。但是随后的三十年，学术心理学退出这个领域，把它留给了传记作者以及流行心理学家。例如，遵循埃里克森开辟的道路，一种有趣而特别的研究路径是使用生活故事对杰出人物进行研究。威廉·麦金莱·伦岩（W. M. Runyan）是这个路径研究中较有影响力的人物。他在《生活史与心理学传记学：理论与方法探索》（*Life Histories and Psychobiography: Explorations In Theory and Method*）一书中首先为心理学和社会科学的个人生活史研究提供理论依据，并探讨了在描述和解释个人生活过程中容易出现的方法学问题。更重要的是，他以耶稣、莎士比亚、林肯、梵·高、乔治三世等现有的作品为例，将"生活史作为一个主题，分析和解释个人生活经验过程中的问题"。

　　不过，随着叙事心理学的诞生，生活叙事又重新回到心理学家的视野中。西奥多·R.宾（Theodore R. Sarbin）是叙事心理学的领军人物。他主张用叙事来理解人类的经验，将叙事作为"根隐喻"置于自我形成的核心。"如果我们要了解一个人，必须首先了解他的故事。在我们与他人交流的过程中，大部分时候我们都在诉说自己的故事，倾听着他人的故事。正是通过聆听他人对其生活、体验的叙述，我们才能够进入到他的内心世界中去。故事以现实为模版，但又不完全等同于现实，它更是个体内部对外部世界加工之后的反映。故事的叙述使我们能够了解自己、了解他人，人格是在叙述中得以建构的。"其主编的《叙事心理学：人类行为的故事性》（*Narrative Psychology: The Storied Nature of Human Conduct*）[①]一书明确提出"故

---

① ［美］西奥多·R.萨宾.叙事心理学：人类行为的故事性 [M].何吴明，等译.北京：北京师范大学出版社，2020.

事是修整经验和指引判断与行为的基础”，故事本身反映了人类行为的本质。因此，该书主张用叙事范式代替传统实证范式，认为编故事、讲故事和理解故事是复兴心理学的基本概念。这也通常被认为是叙事心理学诞生的标志。

随着生活故事、生活史方法在各个学科的广泛应用，主张“用自己的话讲述自己的故事”的走向生活故事运动随之诞生。“走向生活故事运动是一种从主观角度认识真实个人的运动，也是一种有效叙事的运动。”① 认知心理学家布鲁纳（Jerome S. Bruner）是这场运动的倡导者。他将叙事作为发现我们如何“建构”我们生活的重要手段。他认为，我们的生活本质就是一些不连贯的叙事整合在一起的故事。故事是我们从生活经历中组织、解释、创造意义的一种方式。“如果我们能够了解人们在讲述生活中的故事时是如何把他们的叙事整合在一起的，同时考虑他们可能会如何进行下去，那么我们就可能为这个伟大的理想贡献一些新东西。”② 在这之后，朱瑟琳·乔塞尔森（Ruthellen Josselson）和艾米娅·利布里奇（Amia Lieblich）编辑出版了关于生活叙事研究的系列丛书。丛书旨在通过深入研究、方法论考察以及理论探索对个体生活叙事提升理论认识。

正如萨宾判断的那样，在 20 世纪 90 年代，心理学越来越对故事概念以及叙事方法感兴趣，特别是在家庭的临床中。心理学家调查个人生活故事、亲密关系故事和家庭故事，同时也认识到在社会背景下社会神话和文化叙事塑造人类行为的力量。丹·麦克亚当斯（Dan P. McAdams）是叙事心理学新的代表人物之一。他认为：“生命故事包含许多不同的元素和方面，包括独特的叙事基调、个人意象、

---

① R. Atkinson. The Life Story Interview [M]. London: Sage Publications, 1998: 125.
② J. Bruner. Life as Narrative [J]. Social Research, 1987, 54(1): 11–32.

主题线、意识形态背景、关键场景、相互冲突的角色，以及对自己结局的预期。上述每一个元素都有它们自己的发展逻辑。它们都会在人类生命周期的特定点出现，并结合不同的时间、地点、个人精神气质发生变化。"在这个意义上，他认为"塑造身份认同，撰写自己的生命故事是贯穿我们一生的工作"。[①] 更重要的是，生活故事是一种社会心理结构，是个体自己和个体嵌入其中并被赋予意义的文化背景共同建构的。因此，个体生活故事反映了文化价值观和规范，生活故事需要在特定的文化框架内来理解，但它们在个体间也存在差别。因为一个人是处于特定家庭，有特定朋友和熟人，在特定历史时刻，生活在特定社会中的人。一个人不断变化延展的生活故事是构成特定个体个性的关键部分。

现在，作为人们生活故事的观众，发展心理学家、认知心理学家、人格心理学和文化心理学家，越来越多的人加入进来；越来越多与故事相关的主题，例如记忆、叙事治疗、性别叙事等被心理学学者探索和应用。

四、生活史作为西方史学的新兴领域

19世纪，以兰克史学为代表的西方传统史学面临深刻的危机。兰克（Leopold von Ranke）继承了自修昔底德（Thucydides）以来的治史传统，力求研究内容与表达方式的完美融合。他特别强调历史的真实性问题，主张采用原始史料。所以兰克史学关注史学研究的客观性、实证性问题。史学家的任务是要以客观的态度考订文献资料，来书写民族国家的政治史、传记史。这导致史学研究的领域过于窄化，其研究成果在世界范围内受到广泛的质疑和批判。年鉴学派在20世

---

① ［美］丹·P. 麦克亚当斯. 我们赖以生存的故事：如何讲述过去的故事，决定了你的未来 [M]. 隋真，译. 北京：机械工业出版社，2019.

纪掀起了史学革命。以布洛赫（Marc Bloch）、布罗代尔（Fernand Braudel）为代表的法国史学家批判了传统史学的弊病，提供研究社会总体史、强调对历史进行分析解释，展开跨学科的综合研究，这大大地开拓了史学研究的取材范围，确立了年鉴学派史学的传统。1929 年创办的杂志《年鉴》，标志着年鉴学派的正式形式。在 20 世纪中期，该学派成为西方史学的主流学派。

20 世纪 70 年代后，基于对传统史学的反省批判，布罗代尔等人倡导从政治、经济、文化、社会等方面全面把握人类文明的进程。费弗尔（Lucien Febvre）认为"历史学是关于人的科学，是关于人的过去的科学，而不是关于物的或思想的科学"，因此史学应该将史观建立在人本主义观念之上。不仅如此，从总体史的观念出发，布罗代尔抛弃了传统一元时间观，重视长时段理论，主张把秩序和结构置于个人的活动之上，打破了历史时代的机械刻度，更新了史学观念。另外，年鉴学派认为，兰克传统史学的叙事史方法，仅仅描述历史，缺乏对历史的明确解释，直接导致历史认识的表面化，阻碍了史学科学化的进程。因此，年鉴学派倡导问题史方法，强调分析和提问在史学研究中的重要性。除此之外，年鉴史学打破了学科的分野限制，将人口学、人种学、人类学、社会学、心理学等社会科学的方法全面引入，也开启了社会科学史学。这种"新史学"将史学的研究对象囊括为人类社会的全部层次，极大拓展了历史的外延，极大地推动了史学的发展，使其成为最具世界影响力的史学流派。年鉴学派倡导的新史学虽然使史学取得了巨大成就，但由于其"总体史的方向走向极端，单纯强调计量方法和社会史研究，片面夸大'长时段'结构，热衷于研究所谓'静止的历史'倾向"①，

---

① 张立程. 从微观史、日常生活史到社会文化史 [J]. 河北学刊，2017（2）：55-58.

引起越来越多的史学家批评。20 世纪 70 年代和 80 年代，历史学家们开始质疑社会科学历史，微观史学在史学界兴起。

20 世纪 80 年代以来，微观史学在意大利产生并发展，成为在西方史学界产生重大影响的史学流派之一。意大利的乔凡尼·莱维（Giovanni Levi）、卡洛·金茨堡（Carlo Ginzburg）、爱德华多·格伦迪（Edoardo Grendi）等成为微观史学的代表。受意大利微观史学的影响，年鉴学派史学家雅克·勒韦尔（Jacques Revel）、贝尔纳·勒佩蒂（Bernard Lepetit）曾专门讨论史学研究中的微观分析问题，从而发展了微观史学的若干方法，他们成为法国微观史学的代表。与此同时，20 年代 70 年代中期，日常生活史首先出现于德国和意大利。阿尔夫·吕德克（Alf Ludtke）是日常生活史的创始人之一。德文的"日常生活史"与意大利的"微观史学"因其在主旨上无异，故经常被归为一派，或为微观史学，或为日常生活史学派。

日常生活史学家对社会科学史学"见物不见人"的特点提出了尖锐批评。日常生活史学家认为当时的"主流"史学宏观研究只关注"公共领域"，对"私人领域"则视而不见，认为后者包含在前者之中，因此忽略了人们在具体生活情景中的日常经历，忽略了人们的内在需求，进而忽视了历史发展的动力问题。阿尔夫·吕德克在其《何为日常生活史，谁来书写日常生活史》的文章中概述了日常生活史的重要特征，即日常生活研究侧重普通人的质性体验；将历史演进视作普通人动态实践的产物，而非抽象的国家或市场所施加的非个人结构或力量；强调从底层视角去观察现代社会所谓进步、理性化和解放的成本 ①。按照微观历史学实践者们的说法，微观历史

---

① B. S. Gregory. Is Small Beautiful? Microhistory and the History of Everyday Life [J]. History and Theory, 1999, (38): 101.

学的一项基本承诺就是向被其他方法所遗漏了的人们打开历史的大门，并且要在绝大部分的生活所发生于其中的那些小圈子的层次上阐明历史的因果关系。①正是在这个意义上，"如果说传统的社会科学设定了一个客观的关系体系，那么现在则应该站在组成该关系的男人、女人和孩子的角度来研究社会和文化世界。"②简略考察微观历史学最具代表性的两部著作就可大致发现微观史学的研究特色。两部代表性的著作分别为：1975 年出版的卡洛·金茨堡的《奶酪与蛆虫：一个 16 世纪磨坊主的宇宙》（*The Cheese and the Worms:The Cosmosofa Sixteenth Century Miller*）和 1985 年出版的乔凡尼·莱维的《承袭的权力：一个驱魔师的故事》（*Inheriting Power: the Story of an Exorcist*）。

《奶酪与蛆虫：一个 16 世纪磨坊主的宇宙》中，金茨堡利用宗教裁判所档案，建构起一个 16 世纪意大利北部偏僻山村小磨坊主的心灵史。这个小磨坊主把宇宙看成一块被蛆虫咬得到处是洞的奶酪，书名也因此而来。本书的主角是小磨坊主梅诺基奥，他是个"粗通文墨"的农民。他因传播"异端邪说"而被宗教法庭起诉，在经过数次长达十五年的审判后以异端罪被处死。但是审讯记录，其中包括审讯者的提问、书记员的记录等材料被完整保存下来。金茨堡从这些完整的记录中，发现作为下层民众的心智世界。③《承袭的权力：一个驱魔师的故事》全书围绕的是 1697 年发生在意大利都灵地区的一场教会审判，审判的对象—— 一位乡村的神父乔瓦·巴蒂斯塔·基

① ［美］伊格尔斯.二十世纪的历史学：从科学的客观性到后现代的挑战［M］.何兆武，译.济南：山东大学出版社，2006：126.
② 转引自刘新成.日常生活史与西欧中世纪日常生活［J］.史学理论研究，2004（1）：35—47，159.
③ ［意］卡洛·金茨堡.奶酪与蛆虫：一个 16 世纪磨坊主的宇宙［M］.鲁伊，译.桂林：广西师范大学出版社，2021.

耶萨，他为民众驱魔治病，引发了众人的狂热支持，但是没有得到教廷的认可，最终遭到了教区法庭的审判。莱维利用乔瓦·巴蒂斯塔·基耶萨神父留存的驱魔笔记和意大利萨沃伊公国的小村镇桑泰纳的各种文献资料，呈现了 17 世纪意大利农民社会日常的一个剪影，反映出了一个小村庄的政治生活、社会关系、经济发展甚至心理情况。[①]两部书都有微观历史学的鲜明特征，即专注于一个给定地点（小村庄）的某个个人（小磨坊主、神父），并且力图强调该地方背景与更大范围的不同之点。两部书都精心重建了社会与政治的背景，焦点又都是放在地域性的而非更广阔的跨地区的层次上，进而聚焦于历史中的日常生活与普通个体，书写普通人的历史。

事实上，不仅是意大利，法国同样具有悠久的探讨生活史的传统。二战后，法国的几部著作为日常生活史领域做出开拓性的贡献。首先应该提到的就是 1962 年出版的菲力浦·阿利埃斯（Philippe Ariès）的《儿童的世纪：旧制度下的儿童和家庭生活》。该书建立在对于今昔儿童和家庭生活的深入观察之上，通过考察四个世纪的绘画和日记，以及游戏、礼仪、学校及其课程的演变来追溯儿童的历史。特别是其中提出"儿童乃为一种社会建构"的惊世骇俗的观点，不仅重新反思了成人与儿童的关系，也促使人们重新思考成人与儿童的区别，并进一步催化家庭史的研究。再譬如，法国著名史学家埃马纽埃尔·勒华拉杜里（Emmanuel Le Roy Ladurie）利用宗教裁判所法官的记录，聚焦于法国南部牧民小山村蒙塔尤的"异端村民"，于 1975 年出版了《蒙塔尤：1294—1324 年奥克西坦尼的一个山村》一书。该书通过对材料的分析，用现代史学、人类学和社会学方法

---

① [意] 乔凡尼·莱维. 承袭的权力：一个驱魔师的故事 [M]. 谢宏维，译. 北京：北京大学出版社，2019.

阐释该山村居民日常生活、个人隐私以及种种矛盾、冲突等，呈现了 14 世纪该山村居民的生活、思想和习俗等面貌。[①]类似聚焦于中世纪生活的著作从 20 世纪 60 年代末 70 年代初日益增多。例如，约瑟夫·吉斯和弗朗西斯·吉斯先后出版的《中世纪城市生活》《中世纪城堡生活》《中世纪农村生活》、杰弗里·辛曼的《中世纪欧洲的日常生活》、汉斯-维尔纳·格茨的《欧洲中世纪生活》、保罗·纽曼的《中世纪日常生活》等。

经过几十年的发展，日常生活史研究已经形成若干研究特色。日常生活史以个案作为材料来源，关注人生活中的童年、衣食住行、职业和劳动、灾难、节日、两性关系、家庭、业余时间、法律争讼、死亡等主题，通过对具体史实例如法庭证词、治安报告、信函、日记、旅行笔记等进行微观分析，透视特定时间特定情景中人的生活和精神世界，突出历史中作为主体地位的人，特别是普通大众诸如下层工人、犹太人以及吉卜赛人等。不过日常生活史并非完美，在实质性的研究过程中还没有真正实现其追求的理论旨趣。虽然日常生活史把历史沿革视为具体的个人或人群的推动，但是"日常生活史应该关心的不是抽象的'人'，而是具体的'这个人'"[②]。这就要求在实际的研究过程中应该深入他或她的内心世界，在说明个人感受的基础上，再去回溯造成这种感受的条件。若不如此，我们只是接触到他或她所陷入其中的文化、情景或其他条件，并没有接触到那个人，也就无法了解她或他的意图、需求、焦虑与渴望。

---

① [法]埃马纽埃尔·勒华拉杜里.蒙塔尤：1294—1324 年奥克西坦尼的一个山村 [M]. 许明龙，等译.北京：商务印书馆，1997.

② 刘新成.日常生活史与西欧中世纪日常生活 [J].史学理论研究，2004(1):35-47,159.

第二节　教育生活史的发展历史

虽然生活史在人类学、社会学、历史学、心理学等学科和领域中的成果丰富而引人注目，甚至一度成为人类学和社会学研究的支柱，但生活史在教育领域中的应用高潮却迟滞已久，也并未伴随生活史研究在 20 世纪 70 年代的复兴而兴起。1980 年古德森在《生活史与学校教育研究》（ *Life History and the Study of Schooling* ）[①] 一文中，相对较早地阐述了生活史研究在教育中的价值，并举例阐述了个人生活史在学科科目变化中的重要地位，也即其代表作之一《环境教育的诞生：英国学校课程社会史的个案研究》[②] 的早期概述。由此开始，生活史被引入教育领域中，特别关注教师的生活与职业，并取得了一系列丰硕的成果。随着生活史在教育中的广泛应用，生活史也从最初以研究教师生活为主线，逐渐拓展到关注学生的生活，进而拓展到探索普通民众的学习生活史。[③] 生活史作为一种教育研究的视角或方法，受到了许多理论家和实践者的欢迎。

一、以教师的生活史为焦点

在古德森看来，之所以将教师生活作为研究的焦点，首先是因为他通过调查发现：在 20 世纪 60 年代，教师被当作教育领域中不为人知的影子人物。古德曼和斯蒂芬·鲍尔（Stephen Ball）指出，

---

① 　I. Goodson. Life Histories and the Study of Schooling [J]. Interchange, 1980, 11(4): 62–76.

② 　[英] 艾沃·F. 古德森. 环境教育的诞生：英国学校课程社会史的个案研究 [M]. 贺晓星，等译. 上海：华东师范大学出版社，2001. 原书为《学校科目与课程的演变：课程史的案例研究》(School Subjects and Curriculum Change)，经原作者同意，中译本改名。

③ 　武翠红. 论英国课程研究的生活史视角 [J]. 教育学术月刊，2016（12）：11–16.

教师仅仅作为以一种不精确的统计数字来表示的整体性存在，或仅仅被看作一种机械的正式角色，毫无疑问地回应着他们角色设定的被动个体。即使他们不再把教师作为数字集合体、历史的注脚或无问题的角色承担者，但仍然将其视为可互换的类型。① 研究者并没有把教师当作一个创造自己历史的积极因素来对待。在这样的背景下，古德曼强调了生活史方法的重要价值，他认为：对个人和传记资料的追踪可能会迅速挑战可互换性的假设。同样地，通过追踪教师生活的历史——贯穿于其职业生涯以及几代人——那个互换的假设可能也会被纠正。在理解像教学这样高度私人化的活动时，知道教师的为人是极为关键的。在此领域知识的匮乏反映了我们社会学想象力范围的明显不足。②

在《教师的生活和职业》（*Teachers' Lives and Careers*）中，古德曼和斯蒂芬·鲍尔主张重视并寻求倾听"教师的声音"，以确保教师的声音能被听到，被听得清楚。"教师的声音很重要，因为它承载着教师说话或写作所传达的语气、语言、品质和情感。在政治意义上讲，教师的声音涉及说话和被代表的权利。它可以代表独特个体和集体的声音。这是教师相较于其他群体的特点。"不仅如此，教师声音的问题还引出一个"教师如何看待他们的工作和生活"的问题。他们引用贝农的话强调了这个问题的重要性，认为教师的生活史研究有可能弥补我们有关教师知识不足的问题。"例如，需要更多地了解教师的课外生活如何影响他们的教学，以及标志着他们职业态度转变的关键领域和分水岭。……教师不是一块纸板立牌，在他们教学背后隐藏着一系列的动机和情感……

---

① S. J. Ball, I. F. Goodson. Teachers' Lives and Careers [M]. London: The Falmer Press, 1985: 7.

② I. Goodson. Studying Teachers' Lives [M]. NY: Teachers College Press, 1992: 4.

他们受到过去和当代事件的影响，需要更多关注机构历史上的重要事件如何影响教师。"① 也正因为如此，古德森持续以教师生活为关注的焦点，不断拓展研究的问题域。1996 年，他和哈格里夫斯（Andy Hargreaves）共同编著《教师的职业生活》②（*Teachers' Professional Lives*），致力于研究教师的专业精神，揭示教师的专业精神在自己的日常工作和生活中是什么样子，进而解释推动专业精神背后的原因。

古德森应用生活史的经典著作当属 1983 年出版的《学校科目与课程的演变：课程史的案例研究》（*School Subjects and Curriculum Change*），即《环境教育的诞生：英国学校课程社会史的个案研究》。在书中，他强调了课程社会学中对生活史视角的开发与应用。"他的分析焦点不是静态的知识形式，而是学校科目的历史，是知识形式的生成过程。而他最想做的，便是通过个人的生活史资料的分析，把知识形式的生成过程与社会背景联系起来，为宏微观的整合架桥。"③ 虽然在书中，古德森着重分析了英国学校中地理、生物与环境学习三门课的历史，尤其重点关注了环境学习这门课是如何在学校的正式课程中获得自己的位置的，以及在这一过程中三门课的科目群体的演变和冲突。但是，"课程研究不能缺少对教师本人的主体观照"。在书中，"教师个人对课程、课程建设的能动性被拔到了相当的高度"，并且研究者在分析论证中运用了大量对教师个人的深度访谈。"古德森的课程社会学研究之所以在西方学界能独树

---

① I. Goodson. Studying Teachers' Lives [M]. NY:Teachers College Press, 1992: 13.
② I. Goodson, A. Hargreaves. Teachers' Professional Lives [M]. London: The Falmer Press, 1996.
③ [英] 艾沃·F. 古德森. 环境教育的诞生：英国学校课程社会史的个案研究 [M]. 贺晓星，等译. 上海：华东师范大学出版社，2001：译者序 7.

一帜，与他坚持的课程研究的生活史方法论特色是分不开的。"①

　　毫无疑问，古德森是将生活史引入教育领域中并应用在教师生活和职业研究方面的里程碑式的人物。与此同时，彼得·伍兹（Peter Woods）也利用生活史的视角或方法探索根据个别教师的意义来理解教师的生活和工作。在他与塞克斯（Patricia Sikes）、梅索尔（Lynda Measor）编著的《教师职业：危机与持续》（*Teacher Careers：Crises and Continuities*）一书的介绍中说："我们从个人的角度看待职业，教师视这个视角为'移动的视角'，在这个视角中，人们将他们的生活视为'整体'，并解释他们的各种属性、行为和发生在他们身上的事情的意义。"②所谓"整体的"，也就是关注教师整个生活和职业生涯，而不仅仅是其中的一部分或一个方面。"整体的"也意味着生活史还包括各种意识形式。另外，生活史的方法是历史的，增加了我们民族志研究的深度，进而超越了宏观和微观的连接。在使用生活史时，人们不得不考虑其历史背景以及自我与社会的辩证关系。在彼得·伍兹的另一篇文章《生活史与教师知识》（*Life Histories and Teacher Knowledge*）中，他阐述了利用生活史分析教师知识构成的优势：生活史在研究教师知识的构成方面似乎是一种非常合适的方法。它以个人的主观现实为基础，既尊重个人的独特性，又促进确认他们之间的共同点。它在整个环境中关注整个人。③在彼得·伍兹的研究中，生活史提供了一个从整体性视角探索教师个人

①　[英]艾沃·F. 古德森. 环境教育的诞生：英国学校课程社会史的个案研究 [M]. 贺晓星，等译. 上海：华东师范大学出版社，2001：译者序 3-4.

②　P. Sikes, L. Measor, P. Woods. Teacher Careers: Crises and Continuities [M]. London: The Falmer Press, 1985: 1.

③　P. Woods. "Life Histories and Teacher Knowledge". in J. Smyth. Educating Teachers: Changing the Nature of Pedagogical Knowledge [M]. London: The Falmer Press, 1987: 124.

生活的方法，展示了教师的生活与职业的密切关系。

生活史视角或方法认为，通过追踪教师个人的生活，就有可能看到影响他工作的潜在力量。教师的专业工作受到了教学外很多生活事情的影响，例如年龄、性别、家庭等。塞克斯在颇具影响力的研究著作《教孩子的父母：来自家庭和学校的故事》（*Parents Who Teach：Stories from Home and from School*，1997）中讨论了为人父母如何影响教师，以及这样的经历如何以重要的方式改变他们。她以自身的经历为研究样本，阐述了自己因为成为母亲对教师身份的影响。她说："现在我已经成为一名母亲，并意识到那段经历对我的职业生活有多重要，'他者化'的过程被打断了，我能清晰地听到那些老师一直想告诉我的。我需要回到过去，更仔细地倾听家长老师们的意见，尤其是为了更好地理解我自己的经历。"也就是说，自己因为做了母亲，因为有了这段经历，能够感同身受，更好地理解其他老师的职业生活，甚至更能理解家长们的意见。"塞克斯展示了教师如何在他们所教的孩子身上看到自己的孩子，又在他们教自己的孩子身上看到所教的孩子。教师以一种非常实际和个性化的方式（为人父母），改变了教师教学的道德参照点。塞克斯认为，这一切都不意味着没有做父母的教师在职业上不那么有价值，但成为父母和为人父母确实会在职业和个人方面改变教师。"[①]

不仅家庭环境影响教师，工作环境同样也影响教师的职业认同。在詹姆斯·C.贾普 (James C. Jupp) 的《成为城里学生的教师：白人教师的生活史和教师故事》（*Becoming Teachers of Inner-city Students：Life Histories and Teacher Stories of Committed White Teachers*，2013）一书中，作者呈现了包括自己在内的一系列基于白

---

① P. J. Sikes. Parents Who Teach: Stories from Home and from School [M]. NY: Cassell, 1997: 10.

人男性教师的生活史和教师故事的文章，试图理解在社会和经济困难的时期，成为跨越种族、阶级、文化、语言和其他差异的教师意味着什么。生活史和教师故事的研究带来对教师职业身份、背景知识以及与学生在实践中形成的课程智慧的理解。①

米德尔顿（Sue Middleton）与塞克斯同样是女性教师，是母亲。但不同的是，她还是一位女权主义学者。正因为如此，米德尔顿对教师生活的深度关注，主要聚焦于女性教师的生活。她的"研究对象必须是在19世纪40年代末或19世纪50年代出生于新西兰的妇女，她们在新西兰接受过正规教育，从事教育工作，并认为自己是女权主义者"。在其《教育女权主义者：生活史与教育学》（Educating Feminists： Life Histories and Pedagogy，1993）一书中，她不仅呈现了自己的生活史，还系统地呈现了12位女性教师的集体生活史。通过生活史的描述，"我（均指作者）想了解自己作为女权主义者和教师的处境。作为一个女权主义者，我想知道尽管政策制定者的意图很保守，为什么我们这一代却有这么多女教师拒绝父权制对我们女性特征的建构，用女权主义的眼光看世界。我是一位女性主义教育家，我体验并研究作为一名女性教育家的矛盾、紧张和喜悦，我的问题来自我正研究的东西。在研究其他女人的生活时，我也试图了解自己。"②

正如前面所言，生活史的重要旨趣就是给予被忽视和遮蔽的个体发声的机会。因此对教师生活的关注，必然考虑教师中的弱势群体——女教师，必然探索性别因素对教师生活和工作的影响。生活

---

① J. C. Jupp. Becoming Teachers of Inner-city Students: Life Histories and Teacher Stories of Committed White Teachers [M]. Rotterdam, The Netherlands: Sense Publishers, 2013.

② S. Middleton. Educating Feminists: Life Histories and Pedagogy [M]. NY: Teachers College Press, 1993: 62.

史在女性教师的生活研究中获得广泛的应用。不止米德尔顿，凯斯琳·凯西（Kathleen Casey）同样关注到了女教师的生活史。在其著作《我用生活来回答：为社会变革工作的女教师生活史》（*I Answer with my Life: Life Histories of "W"Omen Teachers "W"Orking for Social Change*）[①] 中，凯西认为女教师对自己经历的理解和解释非但没有被记录下来，实际上是沉默的。因此，她请三十几位女教师"告诉我你的生活故事"，进而利用这些生活史叙述来探讨"普通教师生活中的教学与政治行动之间的关系"，致力于"让那些在历史上被嘲笑和刻板描绘的女性发出声音"。阿普尔认为："生活史在这里很重要。因为在很多方面，生活史的任务是用人们自己的话把历史还给他们。在这个过程中，通过让过去回归，生活史帮助我们创造我们自己的未来。"同时，阿普尔认为凯西"提供了一个与教师民主合作的模式，使教师不再沉默。在这个过程中，我们看到她与教师以一种'非剥削研究'的新方法进行合作"[②]。

　　生活史对教师生活的探索是多元而丰富的，除上述外，大量的生活史研究聚焦于教师教育。例如，科勒和诺尔斯利用生活史记录对教师教育的研究[③]，詹姆斯（James A. Muchmore）对一位名叫"安娜"的教师进行了生活史研究等。美国的《教师教育》杂志在

---

① K. Casey. I Answer with my Life: Life Histories of "W" Omen Teachers "W" Orking for Social Change (1st ed.) [M]. London: Routledge, 1993.

② K. Casey. I Answer with my Life: Life Histories of "W"Omen Teachers "W" Orking for Social Change (1st ed.) [M]. London: Routledge, 1993：XV.

③ J. G. Knowles. "Life-History Accounts as Mirrors: A Practical Avenue for the Conceptualization of Reflection in Teacher Education ". in J. Calderhead, P. Gates. Conceptualizing Reflection in Teacher Development [M]. Washington, DC: The Falmer Press, 1993; A. L. Cole, J. G. Knowles. "Methods and Issues in a Life History Approach to Self-study ". in T. Russell, F. Korthagen. Teachers Who Teach Teachers: Reflections on Teacher Education [M]. London: The Falmer Press, 1995.

1994 年冬季卷中专刊发表"在教师教育中运用个人历史"（Using Personal Histories in Teacher Education）系列论文。其中多篇文章运用生活史来研究教师的生活和职业。生活史作为一种研究方法，提供了一个透镜去分析个人和家庭、学校、文化以及教师专业发展的关系。更重要的是，通过生活史，以前未曾听闻的教师发出声音，"所有群体都有权为自己说话，用自己的声音，并让这种声音被接受为真实和合法的"。生活史聚焦教师的生活，以此为重要的目的。

二、关注学生的生活经验

生活史所追求的整体而广阔的视角为我们关注学生的生活提供了思路。这种整体而广阔的视角意味着需要一个整体的人生观，需要从纵向时间维度去考虑前序生活事件对后续的影响，或者从后续事件追溯前序相关的事件。不仅如此，还需要在横向维度上考虑一个人的所有兴趣和活动之间的相互影响，特别是个体自身赋予事件的意义。阿姆斯特朗（P. Armstrong）说：生活史方法赋予一个人自己的故事以意义和价值，或赋予人们对自己的经历所做的阐释来解释自己的行为。[①]

例如，在《个人故事：学生的社会和文化生活历史如何与高等教育领域互动》（Personal Stories: How Students' Social and Cultural Life Histories Interact with the Field of Higher Education）[②] 的有关学生的社会和文化教育经验如何影响他们参与大学生活的调查研究中，作者们使用教育生活史的方法收集定性的证据，针对生活经验不同

---

① P. Armstrong. Qualitative Strategies in Social and Educational Research—The Life History Method in Theory and Practice [M]. Hull: University of Hull Press, 1987.

② M. Stuart, C. Lido, J. Morgan. Personal Stories: How Students' Social and Cultural Life Histories Interact with the Field of Higher Education [J]. International Journal of Lifelong Education, 2011, 30(4): 489–508.

的学生进行了访谈，探讨了在终身学习背景下学生的归属和身份问题。生活史的研究使我们发现，学习者的个人经验影响他们与知识的接触，并塑造了他们的学习如何被理解。

与之类似，罗伯特·巴勒在《阿里：成为一名学生—— 一项生活史研究》（Ali: Becoming a Student — a Life History）[①]一文中对研究对象"阿里"进行了多次采访和观察，企图利用生活史的方法揭示一个儿童从家庭到学校的转变。儿童早期对学校有限的经验深刻影响了儿童在学校的适应。当然，作者更大的追求是不仅将"阿里"作为一个个体来看待，而且将他作为他代表的文化群体特征的缩影。

同样，在《理解"局外人"：生活史如何影响"非传统"学生的大学体验》（Making Sense of "Outsiderness" : How Life History Informs the College Experiences of "Nontraditional" Students）的研究著作中，作者迈克尔·兰福德（Michael Lanford）呈现了两个"非传统"大学生的生活史，来探索"局外人"（outsiderness）的概念及其对大学生成功的影响。作者期望通过倾听两个大学生生活史的"深描"达到三个目的：用一种能引起读者共鸣的叙述吸引读者；分享有可能改变当代对非传统学生看法的信息；鼓励读者考虑这里的经验数据和结论如何可以迁移到其他教育背景中。[②]

但是，与前几项研究分析路径不同，在《福禄贝尔见习教师的早期儿童和教育经验的生命史洞察 1952—1967》（Life History Insights into the Early Childhood and Education Experiences of Froebel

---

① R.V. Bullough, Jr. "Ali: Becoming a Student — a Life History". in D. Thiessen, A. Cook-Sather. International Handbook of Student Experience in Elementary and Secondary School [M]. Dordrecht, the Netherlands: Springer, 2007: 493—516.

② M. Lanford. Making Sense of "Outsiderness " : How Life History Informs the College Experiences of "Nontraditional" Students [J]. Qualitative Inquiry, 2019(25): 500–512.

Trainee Teachers 1952–1967）[1] 的研究著作中，作者通过生活史的回顾，依据布迪厄的惯习理论、场域理论等研究了九名福禄贝尔学院的见习教师的早期儿童和教育经验如何影响他们参与福禄贝尔学院的工作。在生活史中，发现历史的生活经验与现在工作选择的关系。

生活史还为我们关注学生的生活经验提供了另外的视角。生活史不仅为教师发声提供了机会，同时也为我们关注学生的声音开辟了路径。事实上，学习者的声音在学校教育的研究中已经越来越受欢迎。例如，迈克尔·菲尔丁和萨拉·布拉格（Michael Fielding and Sara Bragg）直接提出了"学生作为研究者"（students as researchers）。因为教育是为学生服务的，学生应该有发言权。在这样的背景下，学生的生活史方法可能是更具有建设性的。生活史不仅提供了个人的见解，探索什么影响学习，更提供了一个全面和充分解释决策的方法。

"经验"特征是教育理论、实践和研究的一个关键概念。"虽然有许多不同的含义，但共同的主线是一套强有力的假设，即自我的经验是知识的来源和宝贵的教学资源，可用于学习、个人发展和发出声音。"[2] 不仅如此，麦克拉伦还认为：经验总是一个历史性的和话语性的问题。学生的声音不是对世界的反映，而是一种构成性的力量，它在历史构建的实践和资本规则塑造的关系中调解和塑造现实。基于此，教师需要给隐藏或沉默的学生发声的机会，使得他们的生活经验能够参与自身的学习。在这个意义上，生活史不仅是

① K. Hoskins, S. Smedley. Life History Insights into the Early Childhood and Education Experiences of Froebel Trainee Teachers 1952–1967 [J]. History of Education, 2016, 45(2): 206–224.
② M. Erben. Biography and Education: A Reader (1st ed.) [M]. London: The Falmer Press, 1998.

个人的生活经历及其体验，也是重要的课程资源。依据后现代知识观，知识不是一种孤立的意义产物，仅把知识看作类似教师或学者的"资产"也是错误的。知识是与学生的生活和经验相关联的社会形式，是在教师与学生互动的过程中产生的。所以杜威说：教和学是一个不断重建经验的过程。例如，在《生活史：解释非洲学生在英国学习护理的主观真实》（*Life Histories: Interpreting the Subjective Reality of African Students Studying Nursing in the UK*）[①]一文中，苏·戴森（Sue Dyson）除了阐述与生活史研究有关的主观性的争论，还主张用生活史研究方法分析特殊群体和事件，例如津巴布韦学生学习护理的真实状况，让学生发声，探索护理学课程发展背后的因素。[②]

生活史对学生的关注，显然不仅仅是对个人生活经验的总结和归纳，而是将这些经历与其他人深刻关联，进而反思更多的社会结构的问题。这应该是生活史视角下学生生活研究的第三种路径。例如，沃尔科特（Harry F. Wolcott）在文章《充足的学校和不足的教育：一个偷偷摸摸的孩子的生活史》（*Adequate Schools and Inadequate Education: The Life History of a Sneaky Kid*）中利用生活史的方法，介绍了"布拉德"的故事。布拉德是一名20岁的辍学学生，他生活在社会的边缘，无法重返社会和学校。虽然布拉德在学校的参与度很低，他的学业成绩也不好，但他确实掌握了基本的识字技能。可是，社区等其他力量却没能做出系统性、建设性的教育努力去指导、支持，或影响这个年轻人重返学校。作者利用这个案例，指出教育的重要性远远超过学校。因为我们倾向于把教育和学校等同起来，倾向于

---

① S. Dyson. "Life Histories: Interpreting the Subjective Reality of African Students Studying Nursing in the UK". in C. Horrocks, et al. Narrative, Memory and Health [M]. Huddersfield: University of Huddersfield Press, 2003: 97–104.

② 武翠红. 论英国课程研究的生活史视角 [J]. 教育学术月刊，2016（12）：11–16.

追问学校哪里出了问题。布拉德的故事提醒我们，在我们的生活中，其他非学校教育的影响也很重要。在这个故事中，学校只扮演了很小的角色。[1]

克里斯·曼（Chris Mann）的文章《青春期少女对教育选择的反思》（*Adolescent Girls Reflect on Educational Choices*）通过目前正在参加高级水平考试的 17 岁的女孩们所写的教育生活史来探索青春期女孩的教育选择。这些女孩被邀请回答"我是怎么来到这里的？"。这个问题暗示着她们作为六年级学生的身份。透过生活史的洞察，研究者发现了家庭教育历史、身份构建、社会背景、语言使用等与自我意识构建以及教育选择之间的复杂关系。同时，女孩教育选择的研究还展现了更大范围的"性别地震"，即中产阶级和工人阶级的男孩在当下的社会氛围中可能达不到预期的目标。[2]

"生活史研究往往缺少将儿童作为生活史的参与者"的视角，埃莉诺·哈格里夫斯（Eleanore Hargreaves）在文章《儿童生活史研究：扩展和丰富方法》（*Life-history Research with Children: Extending and Enriching the Approach*）中首先批评了生活史研究对幼儿的忽视。他主张扩展生活史关注的对象，可能会进一步丰富生活史的研究方法。在研究中，作者使用在活动、游戏、角色扮演、图片和电影以及摄影过程中形成的采访构建了儿童小学五年的生活史记录，并呈现了一个孩子简短的生活史。当然，这不是作者的最终目标。作者希望通过生活史的研究，关注孩子在学校中的参与公

---

[1] H. F. Wolcott. Adequate Schools and Inadequate Education: The Life History of a Sneaky Kid [J]. Anthropology & Education Quarterly, 1983, 14(1): 3–32.

[2] H. Roskelly. Biography and Education: A Reader (review) [J]. Biography, 2000, 23(2): 415–417.

平问题以及社会公正问题。①

生活史方法的引入，使得学生从一个被动、无声的群体转变为主动、积极的角色；学生的生活从行动和活动的背景转变为学生成长或发展的构成要素；作为个体的学生生活从无关紧要的故事转变成为社会和结构分析的窗口。生活史对学生生活的关注，极大地提升了学生作为主体，其主观经验和生活经历的价值和意义。

三、成人学习的生活史研究

生活史应用于成人学习中的主要目的是从主观角度来理解学习和教育过程。因为成人学习的过程主要与他们的生活经历和生活状况有关。成人学习者是多样的，学习者在年龄、性别、种族、社会经验和背景、社会经济环境、文化等方面的差异导致每个人都有特定的情感和社会经历，这些经历沉淀成为个体对世界总体的看法和看待自己的方式。生活史作为过去和现在生活的客观条件，作为一个自变量，影响个人在以后的生活中参与学习的动机、兴趣和对未来的看法等。生活史帮助我们关注特定的学习个体，而不把他们从当前的环境以及更广泛和更深厚的社会层面上抽离出来。"我们不试图产生个人生活过程的因果关系轨迹，而是试着理解特定的个体如何根据他们的过去和他们主观预测的未来来体验他们的现在。"②因此，在最基本的层面上，生活史方法使我们注意到了作为学习背景的个体生活。

在成人教育领域，欧洲成人教育研究学会（ESREA）是第一

---

① E. Hargreaves. Life-history Research with Children: Extending and Enriching the Approach [J]. Children & Society, 2022: 1–16.

② H. S. Olesen. Theorising Learning in Life History: A Psychosocietal Approach [J]. Studies in the Education of Adults, 2007, 39(1): 38–53.

个也是最大的以生活史和传记方法为重点的研究机构。多年来，学会的实践者已经认识到，传记、传记知识和传记资格的相关研究方法，是解决非正式或日常学习、创新体系中的社会学习等方面问题的重要手段。更具影响力的是来自欧洲各地的百余名成人教育研究人员围绕着"成人教育中的生活史和传记"的主题，分别在日内瓦（1993、1995、1997），维也纳（1994），罗马（1996）等地召开了多次国际会议。2007 年，在学会的主持下，林登·韦斯特（Linden West）、彼得·阿尔海特（Peter Alheit）、安德斯·西格·安德森（Anders Siig Andersen）、芭芭拉·麦瑞尔（Barbara Merrill）编著了《用传记和生活史方法研究成人和终身学习：欧洲视角》（*Using Biographical and Life History Approaches in the Study of Adult and Lifelong Learning: European Perspectives*）[①] 一书。书中集合的文章阐明了传记和生活史在许多欧洲国家被创造性地用来在不同的背景中、以不同的方式研究成人和终身学习。学者们研究了在工作场所、家庭、社区、中小学、大学以及在专业领域、管理过程等方面的学习问题，并从跨学科的角度来解释学习与人们生活的相互作用。

　　这本论文集几乎囊括了成人教育多位知名学者，例如《教育传记：对成人教育工作者培养的反思》（*Educational Biography as a Reflective Approach to the Training of Adult Educators*）的作者皮埃尔·多米尼斯（Pierre Dominicé）。他来自瑞士，这种特殊的身份使得他成为对欧洲成人教育研究学会使用生活史研究成人教育最为熟悉的美国学者。也正因为如此，他把自己的工作和北美的成人教育学者的工作联系在一起。他的代表作《从生活中学习：使用成人的

---

① 　L. West, et al. Using Biographical and Life History Approaches in the Study of Adult and Lifelong Learning: European Perspectives [M]. Frankfurt am Main: Peter Lang, 2007.

教育传记》（*Learning from Our Lives: Using Educational Biographies with Adults*）产生了广泛的影响。作者使用生活史的方法，帮助成年学习者理解他们已经知道的东西——他们如何和为什么在过去学习，以及是什么促使他们追求新的教育机会。正如威斯康星大学麦迪逊分校的艾伦·B. 诺克斯（Alan B. Knox）推荐所言："通过反思真实的学习经验，成年人可以更加理解自己的本土知识。作为学习情景的参与者，他们更愿意承担起指导自己的学习活动的责任，因为他们有足够的背景来指导自己的学习活动。"①作者借助生活史提供了引人入胜的生活轶事和叙述、深刻的解释和分析，以及许多不同传记方法的例子，声称此著作是第一部使用成人学习者教育传记的专业指南。

又如，《职业身份、主体性与学习：成为一位全科医生》[*Professional Identities, Subjectivity, and Learning: Be(com)ing a General Practitioner*] 的作者海宁·S. 奥尔森（Henning Sailing Olesen），曾任丹麦罗斯基勒大学终身学习研究院院长、欧洲成人教育学会主席。他从 1998 年起，在丹麦人文科学研究理事会的资助下开展了"生活史项目"研究，探究生活史研究法在终身教育领域，尤其是在成人和继续教育领域中的理论和方法论意义，其成果在西方成人教育研究界为人瞩目。奥尔森认为成人教育研究的对象——成人，是"背景环境中的学习主体"。如果抽取了背景环境中的历史、文化、社会等因素，成人就被抽象化为一个"空箱子"。因此，他主张超越抽象，对成人学习的研究要回到成人的生活世界，通过成人的生活经验捕捉理解学习的主观维度。在这个基础上，奥尔森

---

① P. Dominicé. Learning From Our Lives: Using Educational Biographies with Adults [M]. San Francisco, CA: Jossey-Bass Publishers, 2000: XIII.

反思了以往成人教育研究方法的诸多局限，主张将生活史的方法引入成人学习的研究中，在一个特定的社会背景环境下，着眼于教育和学习参与的个体主观意义，理解教育和学习。例如，处于现代化过程中的希腊山区农村少女，如何看待自己的生活环境、教育和未来工作；在进入知识社会的背景下，一位职业教师如何重建自己的身份认同；等等。他的研究很多都是聚焦于特定的、历史性转变中的典型个案。通过跟踪这些经历了剧烈社会变革的人们的心路历程，研究者能够得出比较清晰的解释结果。①

　　再如，林登·韦斯特，他是一位终身学习、成人和高等教育领域的著名研究人员，也是欧洲成人教育研究学会的重要负责人之一，2020 年入选俄克拉荷马大学国际成人和继续教育名人堂。林登认为，在过去二十年中（指 2000 年之前），欧洲成人教育研究的重点从制度和结构层面的宏观角度，转向微观层面分析。在这个过程中，有两个原因似乎很重要。第一个原因是社会科学家对微观文化分析态度的转变，人们的注意力转移到互动中，转移到成年人在日常生活中的学习上。第二个原因来自成人教育实践和视角的变化。原来成人通常被认为是教学的对象，教学技术思考占据主导地位。但是现在人们越来越强烈地感觉到成人作为主体和行动者的地位，强调成人自己在学习中发挥积极作用的潜力。研究的背景也从制度和结构中的教育转向了非制度化、非正式的和日常的学习。在此背景下，林登使用生活史方法进行了两项主要研究。第一项研究是关于成年学习者的重大经济和社会动荡的社区经历，如传统工业的崩溃。第二项研究的重点是医生和他们的学习，特别是他们在伦敦内城工作和学习的反应。透过生活史的研究，林登解释了在变化的时代，成

---

① 孙玫璐. 成人、生活史：一个终身学习的研究视角——奥尔森教授成人学习研究综述 [J]. 教育发展研究，2005（13）.

人学习在不同文化之间流动带来的变化。[①]

当然，除了论文集中的众多知名教育学者外，使用生活史方法探索成人教育和学习的还有很多社会学家。例如，阿里·安蒂凯宁（Ari Antikainen）。他是东芬兰大学教授，专长于社会化、生活史以及北欧模式的研究。他认为所谓生活史，是指在社会和情景中的生活故事。最重要的主观学习往往发生在具有支持性的个人或社会关系的公共环境中。那么通过生活史的分析，人们就可以发现学习的关键，即向重要的他人学习，向生活学习。其与共著者书写的《生活在学习型社会：生活史、身份和教育》（*Living in a Learning Society*）一书讲述了一个精彩而翔实的故事：芬兰在过去的一百年中如何发展成为一个学习型社会，以及人们如何从他们的教育经历中构建和构思自己的生活，也即追问教育和学习在人们日常生活中的意义。围绕这个主题，作者主要讨论了三个问题：（1）人们如何利用教育来构建自己的生活？（2）教育和学习经验在形成个人和群体身份方面意味着什么？（3）在人生的不同阶段，人们有什么样的重要学习经验？这些经历是源于学校、工作、成人学习还是闲暇时间的追求？作者的基本方法就是创造性地收集和分析生活史资料。他将教育"时代"构成了生活史的一个文本，例如"战争和萧条一代""重建一代""郊区一代"等。这种不断变化的社会和日常生活产生了每一代的经验，在此基础上，作者进一步分析教育在其中的意义。[②]

作为一种理解成人教育事业和学习过程的经验和理论框架，生活史感兴趣的不只是倾听个人的故事，更试图通过考虑参与者生活的社会、政治、经济和文化背景来理解故事。索楚克（Sawchuk）认

---

① 　A. Bron, L. West. Time for Stories: The Emergence of Life History Methods in the Social Sciences [J]. International Journal of Contemporary Sociology, 2000, 37(2): 158–175.

② 　A. Antikainen, et al. Living in a Learning Society [M]. NY: Routledge Falmer, 1996.

为，当你用生活史或传记的方法研究学习，你"不一定要去阐明不寻常的事件，而是要专注于正在进行的实践"。在分析的眼光中，日复一日的经历被认为是理所当然的假设，以及日常活动，都可以提供对社会结构、学习如何发生以及人们如何理解自己生活的洞察力。在这个意义上，生活史在成人教育和学习研究中是一种非常有价值的视角或方法。

第三章

教育生活史的理论基础

古巴（Guba）认为，所谓范式就是一组指引行为的基本信仰。一个范式通常包含四个概念：伦理（价值论）、认识论、本体论和方法论。不同的范式表现出了不同的倾向。[1] 如果生活史要成为教育研究的重要范式，那么我们就应该对生活史作为一种研究范式的基本伦理、本体论、认识论和方法论预设进行简要的讨论，并能够运用于对话之中。当然这种讨论应该考虑教育研究的特点及面临的问题，生活史应该在其中凸显其作为教育研究范式的独特优势。

第一节　生活史的哲学基础及理解框架

生活史的哲学基础主要探究生活史作为一种定性方法的认识论问题。与客观的定量研究需要严格的数据不同，定性研究试图描绘的是一个社会建构的、复杂的和不断变化的现实世界。正因为如此，定性方法论的路径往往基于对人们主观的、体验性的生活世界的认

---

① ［美］诺曼·K.邓津、［美］伊冯娜·S.林肯.定性研究：方法论基础 [M].风笑天，等译.重庆：重庆大学出版社，2007：169.

识，并深入描述他们的经验。定性研究除了适用于观察社会建构的现实外，因其主要特征还受到其他研究者的青睐，比如将文本作为数据和聚焦于意义或解释的研究范式。生活史是定性方法中的一个独特路径，"在所有的研究方法中，它可能最接近于让研究者了解个人如何创造和描绘他们周围的社会世界。"生活史方法提供了一个解释框架，通过这个解释框架，人们经验的意义在这个个人记录中被揭示。这个解释框架优先考虑个人解释的行动而不是概念、类别等方法问题。但是在方法论层面上，生活史有一个不可忽略且非常值得探究的根本性的问题，即"生活史是一个主观的产物，但却是由另一个主体自己解释的产物"。这个问题关涉研究者与研究对象、理解和解释、主位与客位等生活史的内在问题。当然，为了更加清晰地厘清这个方法论问题，我们需要更有力的理论制高点，也即生活史的哲学基础。

生活史哲学基础的研究，将更加有利于我们回答"生活史是什么？如何被理解？"的问题。劳伦斯·C.沃森和沃森-弗兰克对生活史的探究，为我们提供了思路。事实上，早在1975年，沃森就明确建议结合现象学路径和解释学路径为理解生活史提供一个参考框架。他认为，现象学是一种归纳的研究方法，这种方法描述了生活经验的总体系统结构，以及这些体验对于参与其中的个体所具有的意义。另外，解释学方法是一个理解现象的过程。理解是人类生存的基本原则。但是，这个理解需要通过弥合作为研究者的个体的理解背景与研究主题之间的差距来实现。这就要求研究者要质疑自己的文化成见，摒弃偏见，要与理解对象建立逻辑关系，等等。现象学和解释学的结合，为我们理解生活史作为一种主观材料提供了更加深刻和清晰的框架和基础。

一、现象学：描述生活经验及意义

现象学作为一种研究路径，其试图通过站在那些经历过现象的人的角度来探究现象，从而描述本质。现象学的目标是描述这种经验的意义——既包括经验是什么，也包括如何经验。现象学通过考察一种主观生活的经验，可以形成新的意义和理解。

不同种类的现象学，每一种都根植于对人们经验是什么和怎样理解的不同方式。埃德蒙·胡塞尔在 20 世纪前半期较早地擘画了现象学的基本计划。后来舒茨（Schutz）、纳坦森（Natanson）、加芬克尔（Garfinkel）和西科雷尔（Cicourel）等人延续和发展了胡塞尔开创的现象学路径并将其应用于社会生活的研究。胡塞尔认为，无论科学或哲学，都不能忘却对人类整体生存利益的这一前提进行研究。而这一研究的现实前提，作为一切理论和实践活动的基地，就是"生活世界"。这是"现实的由感性给予的世界、总是被体验到的或可以体验到的世界——我们的日常生活世界"。"生活世界"成为胡塞尔关注现实的主题。那么，如何把握这个主题呢？胡塞尔基于生活世界直观、非课题化等特征认为必须先行达到对其普遍结构的先验理解，即"只有彻底追溯这种主观性……才能达到世界的最终存在意义"[①]。生活世界的普遍结构是与构成自身对象的意向性之本质关联的。在这个基础上，胡塞尔认为只有把整个人们的现实生活世界转变为现象学的认识对象，转变为意识领域中的一个现象，才能实现这种对生活世界的总体把握。这种对现实作为一种主观的、有意识行为的关注，与生活史的理念是一致的，也即生活史必须被视为主观的产物，而不仅仅是个体之外经验现实的集合。

---

① 吕世荣，聂海杰. 马克思与胡塞尔关注现实维度的差异 [J]. 哲学动态，2010（12）：26–31.

舒茨从行动者在日常生活之中的常识建构开始，发展出他自己的现象学社会学理论。他试图将胡塞尔和韦伯结合，对社会现象进行解释，回答在日常生活中的主体间性问题。从现象学的传统来说，对于这些重大问题的讨论，必须要从作为意义基础的生活世界开始。"按照舒茨的理解，除非是在生活世界之核心的我群群体之中，否则，哪怕是对于处于同一社会世界的行动者，彼此在共同知识之外也具备着相当程度的隐秘性以及与之密切相关的典型性，即行动者彼此之间或多或少地都是以一种片段式的形式而存在。……由此说来，常识理性若要成为可能，则常识思考必须要排除'事件的独特性与无法重复性'这一认识的干扰（Schutz，1962：21）。"[1]因此，舒茨认为，只有当我们从主观意义——背景的假设开始，社会行动才是有意义的，也只有通过这个假设，个体的行为才能被理解。回到生活史的基本问题上来，生活史同样一直努力回答的是个体对生活世界进行定位的主体性问题。个体的主体性实际上是一个主观的"世界"，因为这个主观"世界"包括个体有关自我和在文化框架以及语境中的个体行为的描述。

在现象学中，我们很难发现与生活史直接相关的解释。但是其中的很多观点对我们理解生活史具有很好的启发意义。特别是现象学涉及的自我反思问题，这恰恰是生活史主体性的核心。在某种程度上，我们所有人都在对自我的生活进行反思。所以可以说，在不同的时刻和在不同的方面，人们对自己沉浸其中的生活世界采取了现象学的态度，因为人们为自己和（或）另一个人记录生活而反思和评估了自己的生活。在这个意义上，"当一个典型的个体在讲述他的生活史时，对他自己思考的意义进行有限的自我反思时，我们

---

① 孙飞宇.方法论与生活世界：舒茨主体间性理论再讨论 [J]. 社会，2013（1）.

说他采取了'现象学态度'。因此，现象学不仅告诉我们关于生活世界中主体性的一些重要东西，它还评论了个体与他所预设的文化世界之间的积极的、动态的、不断变化的关系。"①

二、解释学：理解生活的艺术

"解释学（Hermeneutik）的近代起源即表明它具有某种普遍的意义或方法论的意义。这种普遍意义对施莱尔马赫（Schleiermacher）来说，体现为'理解的艺术'或'避免误解的艺术'，它作为形式上的方法乃是'一般解释学'……它不是某种独特且专门的学术，而是作为一般解释学、作为形式方法——关于解释的条件、对象、方法和传达等——来得到理解和运用的。"②简而言之，解释学的中心基础和根本关注的是介入解释者和被解释者之间的解释过程。解释学声称，对事物的理解只是我们解释活动的结果。事实上，当我们遇到与我们格格不入的东西时，例如一种"异文化"、一个文本，或者当我们的惯常理解被打破，抑或是当我们发现自己无法把某一现象理解为一个连贯而有意义的实体时，解释就变得很有必要了。帕尔默（Richard E. Palmer）在定义解释学的范围时提醒我们：解释学这个词的各种形式表明，其目的是强调把一个事物或情况从不可理解转变为理解的过程，将陌生的、在时间和空间或经验中分离的，变得熟悉、可见、可理解。③

　　早期的解释学有两种形式，一种是对法律所进行的法学解释，

---

①　L. C. Watson, M. B. Watson-Franke. Interpreting Life Histories : An Anthropological Inquiry [M]. New Brunswick, NJ: Rutgers University Press, 1985: 35.

②　吴晓明 . 论解释学的主旨与思想任务 [J]. 社会科学战线，2019（6）：168-178.

③　R. E. Palmer. Hermeneutics: Interpretation Theory in Schleiermacher, Dilthey, Heidegger, and Gadamer [M]. Evanston: Northwestern University Press, 1969: 14.

另一种是对《圣经》和经典文献的神学和文献学进行的解释。直到19 世纪，德国哲学家施莱尔马赫才把解释学作为文化科学的方法论加以特征的研究，使之成为一门关于理解和解释的一般学说。施莱尔马赫强调，解释学首先应该是一种解释的方法，即寻求一种心理学意义上的理解，以便揭示那些活在文本作者心中的原则或者观念；而解释的目的就是要克服误解，正确理解字里行间表达出来的作者的原意。德国哲学家狄尔泰（Wilhelm Dilthey）进一步发展了施莱尔马赫的解释学。狄尔泰的观点是：解释学的对象应该是人类生活和历史过程，而不是考证和注释，所以首先要对生活和历史本身进行探索。他还将解释学当作重视作者创作的过程，同时为人文科学提供了一个客观性基础的方法论；当然这种基础不同于自然科学中的所谓"客观性"的基础。施莱尔马赫和狄尔泰创立的传统解释学，将理解当作认知的一个手段，并将解释学本身当作一种技巧而非哲学来看待，因为人们也称传统解释学为"狭义解释学"。①

　　解释学在 20 世纪完成了一场由认识论到本体论的革命，这场革命的中心人物是海德格尔（Martin Heidegger）和伽达默尔（Hans-Georg Gadamer）②。按照海德格尔的观点，解释学不再是研究我们怎么理解文本、历史或人物传记，而是领悟只有通过理解才能存在的那种存在方式。理解是"此在"存在的方式，作为存在的人的本质就是理解活动，人是通过理解而存在的。在海德格尔的现象学框架内，理解被视为人类生存的根本方式。伽达默尔在海德格尔关于理解的看法的基础上，发展出一般解释学，或称为广义解释学、哲学解释学。在伽达默尔的解释学思想中，理解的历史性是解释学的首要原

---

① 　王炎 . 解释学 [J]. 国外理论动态，2006（4）.
② 　国内有的著作中译为"加达默尔"。

则。他继承了海德格尔的"理解的前结构"和"解释学循环"的思想，强调了传统和成见对于我们的重要性。也就是说，传统和成见不是需要加以克服的因素，而是我们存在与理解的基本条件和必要前提。理解不应该被看作一个主体的行动，而是将自己置于一个传统的过程中，在这个过程中过去与现在不断融合。理解一旦开始，理解者就进入了他要理解的东西的那个视界，随着理解的进展不断扩大而丰富自己。我们的视界与过去的视界相接触而不断融合的过程，被伽达默尔称为"视界融合"。理解作为一种视界融合，本质上是一种语言过程。他认为文本与读者、传统与现代之间起桥梁和中介作用的恰恰是语言。语言是人在世界中生存和在世界中理解的本体论条件。在语言中，人认识了自己，并认识了世界。[①]"语言所说的东西构造了我们生活于其中的日常世界……语言的真实存在即是当我们听到它时我们所接纳的东西——被说出来的东西。"[②]在这个意义上，理解本质是语言的，但是它不是封闭的，而是开放的。

　　解释学发展和转向中关涉的主题与生活史的解释问题是密切相关的。例如，当我们理解和解释一个文本时，同样生活史也是一种文本的存在。我们既要以统一的方式看它，即作为一个整体，也要从构成它的各个部分的角度来看待它。我们无法理解没有部分的整体，除非参考整体也不能理解部分。这种整体与部分的关系构建是"解释学循环"的重要含义之一。我们对各个部分进行解释，以达到对整体的理解。随着整体意义的出现，我们能够更好地反思和纠正各个部分的解释。如此循环，直到通过改变我们的理解，各个部分开始有意义地相互关联，并与整体相关联，进而解释了它们潜在

---

① 胡蕊.伽达默尔解释学思想论析 [J].学习与探索，2010（1）：45-47.
② [德] 汉斯 - 格奥尔格 · 加达默尔 . 哲学解释学 [M]. 夏镇平，等译 . 上海：上海译文出版社，2004：22.

的主观完整性。① 再如，生活史解释的目的是在文本内捕捉作者的主观性和个性，那么这意味着任何外在的或先入为主的理论都会给主体强加一套陌生的意义而使得主体自己的真实性无法被揭示。但是，解释学却对此提出质疑并认为某种类型的解释性的先入之见可能会产生富有成效的意见交流，并导致比其他解释系统更有意义的理解。也就是说，生活史的解释并不一定要放弃先入之见，而可以将其整合到我们新的理解框架中。总之，解释学作为一门哲学，对于理解生活史的两个核心问题具有特别的意义：第一，作为文本或话语的生活史；第二，文本的解释者，其主体性在历史上处于不同于文本本身的意义世界中。

三、现象学和解释学立场中理解生活史的框架 ②

劳伦斯·C. 沃森和沃森 - 弗兰克认为，如果以解释学和现象学的立场来分析和理解生活史，那么可以形成理解生活史指向的一个框架。这个框架涵盖了从研究者的"预先理解"到某种近似"最终理解"的全过程。事实上，这个框架也成为我们判断研究材料描述是否充分，以及研究者对其分析和解释是否到位的标准。在这个意义上，框架具有与多拉德提出的"生活史的标准"相似的功能和意义。

---

① L. C. Watson, M. B. Watson-Franke. Interpreting Life Histories : An Anthropological Inquiry [M]. New Brunswick, NJ: Rutgers University Press, 1985: 44.

② 分析主要来源：L. C. Watson, M. B. Watson-Franke. Interpreting Life Histories : An Anthropological Inquiry [M]. New Brunswick, NJ: Rutgers University Press, 1985: 58–65; L. C. Watson. Understanding a Life History as a Subjective Document: Hermeneutical and Phenomenological Perspectives [J]. Ethos, 1976(4): 95–131.

（一）解释学立场中分析生活史的维度

1. 社会文化背景

解释学立场主张，对一个事件或现象的理解不能脱离它所构成的整体。如果我们要遵循解释学的要求，那意味着生活史的解释需要尽可能多地了解个体所处的社会文化背景。这样才能充分理解生活史描述的事件和经验的意义。正如前文所指出的，整体与部分的关系应该给予生活史解释充分的借鉴意义。

2. 情景中的个人生活

解释学认为，仅仅了解一个事件或现象的一般背景是不够的，还应该关注事物或现象产生的具体情景。也就是说，我们需要围绕事件或现象中的人做更加深入的调查，应事先研究与个人相关的各种各样的档案和数据，这将有助于研究文化中个体经验的可变性。

3. 生活史建构的当下语境

为了充分地解释，我们必须能够识别出生活史被建构的语境。这些材料包括资料提供者进入这种关系的条件，生活史相关的物理和社会背景，如何通过互动获得文本，等等。这样我们才能洞察到个体所处的情景如何影响他对回忆经验的选择并使之成为文化上的典型等议题。

4. 研究者的前理解

如前所述，在解释学的意义上，所谓的前理解是指研究者在进行解释工作时所持有的关于生活经验的成见。它们包括关于空间、时间、因果关系和人的根深蒂固的假设，这些假设远离或无法进入意识，却进入了解释过程，并以未经检验的方式促成结果。从解释学的角度来看，我们必须尽可能广泛地质疑和考察这类观点。如果我们的前理解或先入之见把我们与生活史文本所要说的东西隔绝开来，那么真正的理解永远不会到来。因为在这种情况下，我们只能或主要根据我们已经知道的东西来理解。这种局限实际上阻碍了我们在其自身的直接语境或更大的文化视野中理解生活史。所以解释学建议将前理解或先入之见融入新的解释框架中。

5.调查者与被调查者的辩证关系

一旦生活史被置于它的整体背景中，当调查者阐述和质疑自身的前理解时，他必须通过假设与生活史的辩证关系来弥合自己与文本之间的距离。通过建立一种问答式的对话，他在自己的立场和生活史文本的立场之间来回移动。因此，解释学意义上的最终产物是一个综合体。在这个综合体中，作为解释者的调查者在不完全放弃自己的前理解或先入之见的同时，与对被调查者生活史的理解，一起纳入一些主观参照物和文本的语境世界，并与自己的意见融合。

（二）现象学立场中分析生活史的维度

1.生活世界与现象学态度

从现象学的角度来理解生活史，我们会意识到事件、人、感觉、自我形象和对象（因为它们在个人的回忆经验中脱颖而出），以及它们是如何被赋予意义并相关联的。这种方法类似重建"迷宫"的性质。从某种意义上说，生活史的一切都代表着有意选择过程的结果。然而，在生活事件的明显秩序中，主体意识的流动可能或多或少地暗示着自然的、不言自明的思维链条、选择特征。事件的叙述者很大程度上是没有意识到这一点的。为了弄清生活史中的这种"自然态度"，我们应该考虑现象意识的特定方面与整个情境的关系。因此，如果生活世界的意义没有被有意识地改变以适应不同的情境，或者它没有经过反思性的阐述或经历批判性的重新评价，我们可能会通过某种预设来反映生活世界。

2.认知

在研究认知时，我们关注的是生活史中的自传叙述特征的知觉经验的明显组织化。知觉组织的一些重要因素可能包括：（1）记忆的选择性效应——部分文化决定的；（2）根据文化决定的模式对事件或对象进行分类的特定方式；（3）经验的特质概念化，引发文化范畴的重组；（4）意义包括情感在被从概念上记住并组织起来时，它们对经验范畴及关系的重要归属。文化，不同于个人因素，对经验组织的选择过程会产生影响。对此影响程度的理解将取决于我们重建更大文化背景及其与个人关系的能力。在任何情况下，由于反映工作中某种选择过程的主观意象的影响，回忆的生活史已经成为现实。这样，问题便在于发现此主观意象运作的意识和自我意识水平。

3. 自我认同

在任何生活史的材料中，主体都会在某种程度上，有意或无意地告诉我们，他认为自己是什么样的人。这种自我呈现是更大认知和现象域的一个差异化的部分。也许他自己的某些方面，他没有意识到，或者有意识地向研究者隐瞒。在一个直接的层面上，我们可能能够从主体的叙述中提取一些陈述，这些陈述暗示他通过自我反思的行为来恢复作为一个客体的他自己，并且有意识地根据他认为自己是谁而做出决定。因此，在一定程度上，他的行为也许是由他自己的自我意识所设定的限制决定的。此外，这种"独特"的自我认同可能既是一种纯粹的个人表现，也是一种内化的文化对"人"的定义的产物。另外，为了评估隐藏的或被压抑的身份，我们通常需要去了解生活史本身之外的信息来源，并做出各种推断。例如梦、测试以及压力下的行为观察，可能会揭示被压抑的自我形象，帮助我们解释在主体的生活史记录中困难或晦涩的段落。

4. 冲突和疑惑

冲突似乎是人类的一种内在组织部分。人的欲望和社会的需求之间从来没有完美的契合，人的愿望本身就处于冲突之中。个人意识到他的自我形象、他的需要、希望和现实之间的差异，这些差异阻碍并违背了他的意图，这种意识促使他产生了对冲突的认识。当冲突是激烈的和长期的，破坏个人的功能，他可能会产生萎靡不振、不确定，最终可能是根本性怀疑。这可能会导致一种激进的自我反思转向（现象学态度），导致人们质疑他的生活世界的给予和他在其中的立场。在现象学态度中，这个人通过怀疑，把他的部分经验作为可以重新解释的现象。在我们看来，这种进入冲突和怀疑领域的过程可以成为个人意识到他的自由的基础。

5.选择

人在一生中会做出各种各样的选择，其中有些选择对其有着深远的影响。选择是源于他们意识到自由决定他们的事物还是他们自然态度的一部分，或者他们理所当然地认为生活计划有着可接受的选择和合理的选择范围。重要的是，要确定一些自我反思的态度是否是选择的基础，解释自我反思意向的水平。现象学意识最明显的特征之一是个体认识到他可以通过选择做些什么来回应自我感知的冲突。事实上，在研究生活史的现象时，通过对文本提出问题，并寻求某种特定的模式，就可以收集做出某种解释的证据。

6.现象意识与解释的统一

生活世界的"解释"范畴以及其中的自我反思之旅，并不是离散的单位；它们应该被看作共同表达形成的一个整体，作为一个在个人意识中流动的统一体，作为一个持续的过程。我们绝不能为了强调小观点而忽略这个更大的整体。最终，要通过解释将各个部分在自我理解中结合在一起。

第二节　发现生活史中"真实"的"事实"

每个研究范式都创造了自己看待"事实"的方式。生活史研究的兴趣是探索个人真实。但是，卡查德（Kathard）认为："将个人故事与一系列复杂的社会问题交织在一起是生活史研究者的一个主要挑战。正是在这里，真实和精确性的问题变得更加复杂。因为研究者有一个不值得羡慕的任务，那就是冒着失去强烈个人性的风险在社会背景中定位一个个人的叙述。"那么，作为一种研究范式，生活史研究怎样的"事实"？发现了怎样的"真实"？又是如何发现了"真实"？

一、个性化的真实

生活史的方法意在用个人文献替代长期主导的"科学"方法。如前文所述，在社会科学中，为了某种分析模型的建立和应用，作为主体的人却被简化为某种类别或抽象的概念。虽然，在处理大规模的社会变迁或某些类别的比较时，这种普遍化的方法是有道理的。但是在个人生活的研究中，如果有更加恰切的方法，就没有理由接受这种倾向。丹尼尔·贝尔托在《社会科学中的生活史》中就宣称：社会学的科学性是一个神话，其目的应该是获取知识，而不是产生科学结果。斯利弗曼（Sliverman）同样认为：科学方法和其从人类角度对现实的所有假设，包括对所谓观察者客观性的需要、线性经验及使用推理和描述统计分析来解释观察结果，在具体时空这一点上，根本无法产生完全有用的信息，来改变多任务处理、功能复杂的人类行为。个人的，比非个人的更需要知识。[1] 所以，如上一节所

---

[1]　E. Silverman. Consumer Alert: Stuttering and Gender Research. Paper Presented at Fourth International Stuttering Awareness Day Conference [C]. 2001.

分析的那样，现象学关注的是"意义"和主观"真实"。生活史呈现的是个人经验的故事，个人解释的客观性为最终研究提供了核心的"数据"，被用于了解文化、宗教、社会以及更大社会结构的工作。

但是，生活史不得不面临的困境就是人们对所提供故事的"真实性"的怀疑。生活史提供了关注直接经验的真实，它却无法提供关于该直接经验在更广泛的结构位置中的真实。生活史甚至面临虚构的指控，因为生活史是由讲故事的人和研究者互动而构建的，人们质疑生活史发现真实的能力。这个问题不仅关系生活史方法的合法性，同样关系定性研究中诸多与生活史类似的，比如口述史、叙事等方法的价值和意义。事实上，所谓的"真实"，不仅存在一般意义上"科学的真实"，同样还存在"对话的真实"。巴赫金断言，故事作为获取主观经验的一种手段，从来不是"就在那里"和"现成的"，而是通过对话过程构建的。"没有另一个人，我无法生存，没有另外一个人，我不能成为我自己；我必须通过在我自己中找到另一个人，在另一方中找到我自己。"[1]这种"对话的真实"同样是我们对世界的解释，而且这些解释是多元的、冲突的和多样的。瑾·克兰迪宁（D. Jean Clandinin）在《叙事探究》（*Handbook of Narrative Inquiry*）中，区分了三种真实[2]，即生活本身（lived as lived）、生活作为经验（lived as experienced）和被讲述的生活（lived as told）。迈克尔·塞缪尔（Michael Samuel）在这个基础上总结了生活史研究中存在的几种"真实"（见表3-1）。

---

① M. M. Bakhtin. Problems of Dostoevsky's Poetics [M]. Minnesota: University of Minnesota Press, 1984: 284.

② D. J. Clandinin. Handbook of Narrative Inquiry: Mapping a Methodology [M]. Thousand Oaks, CA: SAGE Publications, 2007.

表 3-1　生活史研究中制造的"真实"[①]

	真理的类型	实施	目标 / 焦点	范式
1	事实性的司法 / 法律科学真实 （factual forensic/legal scientific truth）	可证实、可记载、可证明	建立单一的描述 **产品**	经验实证主义 **真实存在**
2	对话性的社会真实 （dialogical social truth）	通过听评估一系列的观点，对话……是建立真实的过程	关注意义是如何建构的 **过程**	（社会）建构主义 **我们创造真实同时也被真实塑造**
3	个人叙述真实 （personal narrative truth）	基于生活主体的个人经验 意义制造 使无声者发声	承认个体经验 **个体的**	主体解释主义 **我们制造了真实**
4	恢复性治疗真实 （restorative healing truth）	关注某种"真实"在更大范围的社会中服务于何种目的	将理解置于更大的社会背景之中；协调社会中的成员； **个体的**	批判权力和等级改变；实现更大正义 **我们可以改变"我们的真实"**

　　生活史在研究进程中将真实的多个面相和真实的"制造"纳入其中，并把自己定位在这些不同的"真实"制造的交叉点上，但是更强调从个人的角度对社会经验的深刻描述。这个探索的过程是复杂的，并不是单一而简单的真实还原，需要一种敏感而微妙的平衡。首先，作为研究者感兴趣的是个人的"真实"故事，个人真正的经历是研究者要获取的核心"数据"。但是，这种个人的"真实"故事不会自然产生。于是，也就有了第二种"真实"故事，即个人经历的真实是在对话式的访谈的背景下制造的。这时就要考虑"真实"故事的可信度和有效性。另外，考虑到生活史研究的理论旨趣，在

---

① M. Samuel. Beyond Narcissism and Hero-worshipping: Life History Research and Narrative Inquiry [J]. Alternation, 2015, 22(2): 20–21.

整理个人叙述的故事时，研究者还要将其与一系列复杂的社会问题编织在一起，这时故事的"真实"问题就变得更加复杂了。古德森就指出：将个人故事和社会背景结合在一起的任务是编写解释性故事的挑战。因为在这个过程中，研究者有可能忽略或弱化个人的观点，使前面形成的"真实"故事被"淹没"在背景中，从而形成第三种"真实"的故事。还不止如此，故事是以语言为媒介来书写的。语言并不是直接呈现"现实"的镜像。个人生活通过语言、符号和意义过程被表达，同时也被过滤。因此，故事在反映生活，同时也在创造现实。况且，语言也是有局限性的，因为它可能无法充分表达人类情感的某些方面，也就是"词不达意""只可意会，不可言传""我无法用语言表达"等。最后，故事是需要解释的。如上一节所述，解释并不是停留在字面意思的理解，而是通过多方面的对话来创造的。解释，既包括形成意义过程中的文本解释，也包括形成非文本线索的解释。解释方式的不同，影响着故事中主体"声音"的表达。例如，"我来说"还是"你来说"，影响了文本中"谁"的声音被突出了，"谁"的声音又被"静音"了。因此，撰写生活史故事就是一个研究者与被研究者之间不断对话和构建以及重新解释的过程。如果有人真的认为生活史只是讲述关于个人简单的"现实主义的真实"，那么事实上几乎没人能够做到。

生活史呈现主观的故事。这些故事总是"人为的、可变的和片面的"。我们甚至可能知道有些陈述在事实上是错误的和被编造的，但是这种错误的陈述在心理上可能仍然是"真实的"。这个"真实"可能与事实上可靠的陈述是一样重要的。托马斯告诉我们：如果人们把情况定义为真实，那么它们的后果就是真实的。但这并不意味着我们陷入一种相对主义的困境，即无法判断哪一个故事讲述得更好。恰恰相反，我们需要各种标准来评估生活史所叙述的故事和"真实"的关系，需要寻找方法来评估生活史正在构建的是什么，以及这种构建如何导致了不同的"真实"。评估生活史的方法有很多，其中主要方法是思考和检验主客观的相符。例如，对生活史呈现的故事进行"现实检查"，也即检验故事内在的一致性和它与外部事件的对应关系，以及它被告知的诚实度。克利福德·肖在研究"斯坦利"时，将与这个男孩多次接触所获得的事实与官方记录对照，发现斯坦利的诚实不容置疑，进而确证其获得的材料越来越接近生活的现实。除了主客观相符的标准外，在故事的讲述上，我们可以检验叙事的真实。也就是故事如何能够使读者进入讲述者的主观世界——从讲述者的角度看世界，即使这个世界与现实不符。我们评价关注的并不是生活史故事的内在真实性，而是从其用途、功能以及所扮演的角色来评价。换句话说，生活史故事能否反映现实并不是特别重要，重要的是能够发挥其功能。阿特金森就说"生活故事现在被视为修辞，可以通过它们的说服力来进行评价"。例如，詹姆斯·班纳特（James Bennett）对少年犯生活故事的研究清晰地表明，要使故事成功，讲述的故事必须能够吸引读者，帮助读者看到现象，更重要的是说服读者接受"少年犯不是外星人""好人在犯罪环境中也可能逐渐互动为坏人"等观点[①]。类似于小说的特点，人们从来不从是否符合事实的角度评判小说，而关注的是小说展现的想象力、洞察力和创造力。在叙述事实这个意义上，也仅仅在这个意义上，生活史所呈现故事的评价标准不是"真实"与否，而是"有用"与否。

生活史所呈现的故事不是也不可能是个体生活的真实的和忠实的记录。研究者也不相信这个故事是一个简单的、线性的或本质的、

---

① J. Bennett. Oral History and Delinquency: The Rhetoric of Criminology [M]. Chicago: University of Chicago Press, 1981: 258.

真实的生活事实。戴蒙德（Diamond）提出："叙事帮助我们思考现实的不同版本，包括哪一种更'真实'——我们认为自己是什么样的人，我们想要成为什么样子，我们害怕成为什么，我们假装成什么样子，或者我们认为别人认为我们是什么样子的人。叙事通过让人们发出声音，通过允许他们讲述他们的故事，使这些现实可以被探索。"① 因此，生活史展现的是个性化的真实，是被研究者个性化生活的讲述，是研究者个性化视角的解释，也是研究者与被研究者在对话中建构的事实，还是在社会背景中构建和解释的事实，更是依赖语言表达和塑造的文本事实。

二、复杂的记忆

与"真实"紧密相连的是记忆问题。事实上，由于所有生活史呈现的故事都是选择性的结果，"回忆"常常被视为选择的主要途径，生活史成为编辑记忆的过程。生活史提供了一个洞察个人（群体）如何选择在特定时刻记住他们的过去的角度，每一次对过去的讲述都有可能让我们感到惊讶。正如罗森（Rosen）所说，每一次讲述都是对过去的重新谈判。自我的故事或记忆是"贡献永无止境的事业，是对社会构成的自我的构建"。"记忆形成了人类生活的结构，影响着从执行简单日常任务的能力到对自我认识的一切。记忆建立了生活的连续性，它赋予当下以意义，因为每一刻都由过去构成。作为我们记住我们是谁的手段，记忆提供了身份的核心。"② 可以说，"记忆造就了我们，我们也造就了记忆"。生活史工作包括了重新收集、

---

① I. A. Matiss. Co-creating Life Histories [J]. Journal of Baltic Studies, 2005, 36(1): 83–97.

② M. Sturken. Tangled Memories: The Vietnam War, The AIDS Epidemic and the Politics of Remembering [M]. Berkeley, CA: University of California Press, 1997: 1.

重新记忆、重新发现，以及回忆和建构历史的积极过程。但是，"在经验成为记忆的过程中发生了什么？在经验成为历史的过程中又发生了什么？随着一个强烈的集体经验时代的过去，记忆与历史概括的关系是什么？"[1] 因此，生活经验的记忆并不是过去发生事情的直接表征。在编辑记忆的过程中，语境、受众、叙述的目的都被嵌入到被叙述的建构中，并形成了不同类型的"记忆"。

第一，心理或个人记忆。这主要关注的是一个人可以回忆什么，能够回忆多少或者回忆失败。弗洛伊德认为，我们所有的记忆都是由被压抑的无意识塑造的，需要付出巨大的努力才能重新回到意识中。沿着这个路径，生活史的重点是挖掘过去的记忆。但是人们认为这种方式存在着一定的问题。因为"记忆"看起来并不是一种内在心理现象，更像是一种社会共享的体验。记忆可能只是我们最习惯的故事。讲故事的方式塑造了我们的记忆习惯。很多年以后，当事件消失时，我们留下的只有"习惯"和这个"故事"，真正丰富的经验本身已经消失殆尽。

第二，叙事记忆。叙事记忆重点关注的是人们讲述他们过去的叙述，以及从过去挖掘出来的、似乎以某种方式拥有了自己生命的经过高度选择的故事。记忆经常成为我们最好的故事、我们经常讲述的故事，以至于我们开始相信它们是真实的。因此，杰罗姆·布鲁纳批评道：我相信，讲故事的方式以及随之而来的概念化方式变得如此习以为常，以至于它们成为构建经验本身的配方；这种方式为记忆铺设路线，不仅引导生活叙事到现在，而且引导它走向未来。[2] 也就是说，讲故事的方式和概念化方式可能成为回忆的框架，限制

---

[1] M. Frisch. "Oral History and Hard Times: A Review Essay ". in R. Perks, A. Thompson. The Oral History Reader [M]. London: Routledge, 1998:29–37.

[2] J. Bruner. Life as Narrative [J]. Social Research, 1987, 54: 31–32.

或局限了对过去经验的回忆。

第三，集体记忆。集体记忆超越了个人，将焦点放在"记忆的社会框架"上。这种观点最杰出的支持者莫里斯·哈布瓦赫（Maurice Halbwachs）认为：脱离了人们生活的社会，这个用以确定和检索他们回忆的框架，没有任何记忆是可能的。[①] 社会框架提供了人们讲述故事的可能。对重要的事件以及"局部灾难"事件的讲述，可能通过几代人才能构建。在这其中，十几岁或二十岁的人成为被访者。人们以为这可以构筑特定群体稳定的"真正的记忆"，但这可能只是许多可能性中的一种，其实很多记忆已经损失。

第四，大众记忆。记忆不是简单来自内部的"心理能力"，而是由环境、社会、文化所塑造的。大众记忆依赖技术性的东西，例如照片、书籍、博物馆、视频、新闻信件、徽章等，这些都有助于使"无形"的记忆转变为"有形"的器物。不仅如此，大众记忆还作为"政治实践"的一种形式，有助于"表达"那些从未被讲述过或已经丢失的故事，将这些记忆重新带回公众的视野中，例如边缘者、被歧视的女性等。

除此之外，我们还可以进行更深入的区分。"自传体记忆"是有关某个人生活的记忆。"初级记忆"是那些经历过某些事件的人以特定方式建立起来的记忆，而"次级记忆"涉及对"初级记忆"的"不管是由那些拥有相关经历的人还是由分析者所进行的批判性工作"。"后置记忆"涵盖了那些成长于其出生前叙事的人们的经验，他们自身迟来的故事则被前几代人由创伤事件所形塑的故事所排除。"转化性记忆"表明了记忆的动态过程——不仅是记忆——凭借"对事件的回忆……作为从早期自我知识到晚期自我知识的心

---

① M. Halbwachs. On Collective Memory [M]. Chicago: University of Chicago Press, 1992: 43.

理制造者"，它反映了对晚期记忆组织的动态形成的洞察力。[①]

"从某种意义上来说，所有的故事都是记忆，就如同所有的记忆都是故事一样。"[②] 但是面对复杂和多类型的记忆，被研究者决定与研究者分享哪些记忆中的故事，哪些记忆能够被唤起以及为什么能够被唤起。这些问题浓缩和删节的回忆能够反映他们的生活吗？这些问题又让我们回到了前一个问题上：如何评价被研究者回忆的故事？回忆必须"真实"才有价值吗？正如前面所分析的那样，生活史研究者不需要纠正被研究者回忆中可疑的信息，似乎一个现象只有一种有效的解释。相反，生活史研究者应该尽一切努力去理解被研究者通过回忆所叙述事件的广阔视角。在这样的过程中，生活史研究者可以向被研究者以及读者提出关于记忆叙事不同的观点和解释。对于被研究者，"当过去的经历是困难或麻烦时，个人的回忆可能并不总是可靠的。然而，个人从这些回忆中汲取意义，无论它们在细节或精神上是否准确"[③]。同时，被研究者也可以参与其中，观察在哪里触发了更深刻的记忆，或者在哪里缺乏第一手的资料。更重要的是，即使生活史展现的故事不是一个客观的复述，只是单个个体的记忆也是有价值的。因为通过了解个体如何记忆过去的现象，人们能够了解他们在社会中的位置，并根据这些信息对当前和未来的事件做出反应。

---

① K. Plummer. Documents of Life 2: An Invitation to a Critical Humanism [M]. London: SAGE Publications, 2001: 237.

② P. Sikes, I. Goodson. "What Have You Got When You've Got a Life Story？". in I. Goodson, A. Antikainen, et al. The Routledge International Handbook on Narrative and Life History [M]. NY: Routledge, 2017: 63

③ J. G. Knowles. "Life-History Accounts as Mirrors: A Practical Avenue for the Conceptualization of Reflection in Teacher Education". in J. Calderhead, P. Gates. Conceptualizing Reflection in Teacher Development [M]. Washington, DC: The Falmer Press, 1993.

"我们的记忆是有选择性的，我们生活过的岁月很难详细回忆，因此也很难作为一个故事来讲述。"[①] 回忆同样是一种构建，不仅构建个体的记忆，也构建了各种事实。在这个意义上，生活史的目的是揭示这些多重真实，以扩大、完善或发展对现有或未来现象的理论理解。

第三节　生活史作为教育研究的辩证法

"如果我们认为洞察教育的最好方式是努力去理解生活者自身如何看待生活，而不是盲目地接受教育系统管理者的观点，我们就必须更系统地听取教师、教师教育者以及儿童的意见。"我们必须转变教育研究的范式，致力于关注教育中每个个体以及个体的经验。因此，科勒在撰写生活史的论文时指出，教育研究的趋势是更加个人化和情景化。生活史较之其他定性研究方法，在尊重个体的主体性和完整性方面具有明显的优势。不仅如此，生活史作为教育研究的辩证法，在平衡教育中个人经验和经验所处的环境、个体决策的逻辑和决定的社会层面条件、具体教育经验和教育理论等方面做出了独特的贡献。

一、教育经验与理论

在教育研究领域中，生活史方法是独特的。因为它通过对个体经验的仔细调查进而实现对人们整体状况的理解。这其中依赖的逻辑是：通过对特定事物的分析可以最好地理解一般情况。因为普遍

[①] S. Germeten. Personal Narratives in Life History Research [J]. Scandinavian Journal of Educational Research, 2013, 57(6): 612–624.

性存在于具体的现实中。特殊从来不是问题，因为每个人都是特殊的。"特殊可能是通往一般的唯一途径，但特殊不能在一般之外去被理解。"理解教育中一个个体生活的复杂性，也就获得了对集体的洞察。虽然这并不意味着我们理解了一个就等于理解了一切，但是理解一个个体就有助于揭示整个教育生活的复杂。"马赛克图像对于思考这样的科学事业是很有用的。添加到马赛克中的每一块都增加了我们对整体画面的理解。当很多块都被放置时，我们可以或多或少清楚地看到画面中的人与物以及它们之间的关系。不同的马赛克碎片对我们的理解有不同的贡献：有些是因为它们的颜色有用，有些是因为它们清楚地表明了物体的轮廓。"[①] 在这个意义上，一直作为生活史方法内在缺陷且饱受批评的"代表性"问题也就迎刃而解了。关于个案，生活史不是简单追求以"一"代表"多"，而是肯定"一"本身的价值。"我们可以在一系列个别研究中辨别出什么是一般的……因此，我们的理解显然是建立在个人经历和看法的基础上。"[②] 类似于帕森斯的功能主义观点：每个部分都发挥着对于整体而言独特的功能。同样也类似于现象学中整体与部分的关系。生活史捕捉了社会政治、经济、文化和历史背景下的生活故事。这些故事呈现出的特殊认识丰富了对个体和集体经验的理解。因此，"生活史为教育者提供了一个理想的工具，在生活的细节和理论概括之间来回摇摆。"[③] 正如前面所述，比起冰冷而抽象的一般教育理论，

---

① 　H. Becker. Sociological Work: Method and Substance [M]. Chicago: Aldine Publishing Company, 1970.

② 　I. Goodson. "History, Context and Qualitative Methods in the Study of the Curriculum". in I. Goodson. The Making of Curriculum: Collected Essays [M]. London: The Falmer Press, 1995.

③ 　K. Plummer. "Truth, Value and Memory in Life Stories". in K. Plummer. Documents of Life 2: An Invitation to a Critical Humanism [M]. London: SAGE Publications, 2001: 246.

教育生活史展现了理论观照下温暖的个体教育生活细节、教育中个体的亲身体验。而理论并不在生活之外，理论根源于生动的教育生活。与难以理解的教育概念和理论相比，个体的教育生活故事总是那么平易近人，让人更容易理解，因为它就是"你的"或是"你们的"生活。生活史，一方面提供了验证或建构教育理论的丰富证据或素材，另一方面提供了理解教育理论的细节以及反思教育生活的情境。

二、教育研究者与被研究者

传统社会科学研究，包括教育研究一直力争发现被研究者的客观真实，着力摒弃其主观观点。为了达到这个目标，同时要求研究者要悬置自己的主观倾向。生活史研究打破了教育研究的这种假设，以被研究者的观点作为出发点，将个体社会行为者的主观性提到方法论的必要地位。生活史强调对选定个体的主观经历进行详细的情景化分析，它记录了个人的内心体验，以及他们如何解释、理解和定义他们周围的世界。这种理解当然可以通过参与式观察获得。但是生活史的重点是关注个人的主观意义，例如生活史对个体学习过程的关注。生活史的目的是理解学习和参与教育的主观特征。我们邀请被研究者进行主观表达，整理成文本，进而解释这些文本以便理解主观的经验。正如前面所述，生活史追求的是多重真实，因此即使是个体的主观讲述，也同样具有客观的意义，是一种不可忽视的客观事实。

更重要的是，"真实的发现只会从真实的关系中发生。"在生活史的研究过程中，因为所收集的信息主要是被研究者的个人主观信息，所以信息的质量和数量在很大程度上取决于研究者和被研究者之间的关系。因此，生活史研究重置了研究者与被研究者的关系。研究者和叙述者之间的关系更密切。因为"研究本质是私人性和烦扰性，个人历史作为数据来源的角色，以及强调口头或书面的个人记录作为信息收集的主要工具"等特点要求研究者不再是权力的持有者，而被研究者也不再是无能为力的研究对象。研究者不再持有一种超然的局外态度，被研究者也不再扮演一种被动的角色，同意参与研究并向研究者提供数据。研究者不仅是生活故事的激发者和倾听者，参与者也不仅仅是故事的讲述者。在生活史研究中，解释故事和重构故事是焦点。因此，研究者和被研究者作为合作伙伴参与探究和故事重建。在这种伙伴关系中，隐含着研究者和被研究者在研究目的和解释方面的相互支持的假设，以及多角度分析的潜力，同时也意味着合作伙伴中的每一方都为研究共享了特别而重要的经验。① 研究者与被研究者进入一种合作的状态，并且共同寻找研究过程中的要素。例如，时间与地点的技术和程序问题，以及与所收集信息的记录和安全有关的想法和问题，都可以相互商定。对保密性和风险的关注可以公开探讨。个人在参与和表达方面的需求和偏好可以在一开始或出现时就被确定和解决。我们在此建议研究者努力创造一个对话的空间，在这个空间里，研究的问题可以在研究过程的自然节奏中以公开的、深思熟虑的方式来考虑。这种伙伴关系也是尊重被研究者声音完整性和真实性的一种方式："一个人向另一个人讲述的生活故事是由双方共同构建的，他们是真正意义上的合著。在合作关系中与被研究者合作创作他们的故事，从而保留他们在调查结果中的声音，有助于提高研究结果的可信度和真实性。"②

---

① A. L. Cole. Interviewing for Life History: A Process of Ongoing Negotiation [J]. RUCCUS Occasional Papers, 1991: 185–208.

② R. Dhunpath. Life History Methodology: "Narradigm" Regained [J]. International Journal of Qualitative Studies in Education, 2000, 13(5): 543–551.

三、教育中的个体生活与结构

作为一种定性研究方式，生活史旨在将个人的生活故事置于他们的个人、社会、经济、政治和历史背景下呈现和寻求理解。生活史强调将个人传记和周围环境的普遍影响联系起来，这是其明显的标志。生活史研究者利用访谈、观察收集定性数据生成被研究个体的生活故事。但是，"生活史研究超越了单纯的个人经验的表述和记录，而成为一个更深思熟虑的意义创造过程。……生活史考虑到教师所处的更大的社会和政治环境"①，因此，生活史被称为"从社会学角度解读的传记""在历史背景下的生活故事""情景理论中的行动故事"等。每一种表达都强调了个人生活故事和情景的位置。生活史研究强调了个人故事和叙事，特别关注每个个体的经历以及不断将个体重塑为一个活动持续的研究对象。但是生活史并没有因此忽视历史的延续，以及政治、经济等系统对多样化经验的构造等方面的影响。事实上，如果不明确关注与社会、教育等相关的生活背景，仅仅叙述个人的故事确实是微不足道的追求。因为在叙事话语中，事件的意义总是在背景中呈现。古德森就明确指出：我的生活故事总是嵌入到我获得身份的群体中。当我们讲述故事、轶事和其他类型的叙述时，我们从事的是"一种将数据组织成一种特殊模式的感知活动，这种模式代表并解释了经验"②。当然背景不仅包括宏观的政治、经济、文化背景，同时也包括个人生活中的人际关系，例如父母、导师、同事。人际关系背景对个体生活同样造成了强大

① A. L. Cole. Interviewing for Life History: A Process of Ongoing Negotiation [J]. RUCCUS Occasional Papers, 1991: 185–208.
② R. Dhunpath. Life History Methodology: "Narradigm" Regained [J]. International Journal of Qualitative Studies in Education, 2000, 13(5): 543–551.

的积极和消极影响。人类行为总是源于与社会和文化环境以及与其他行为者的有意义互动。在这个意义上，生活史与社会互动论具有内在的一致性。也正因为如此，生活史方法调和与平衡了教育中的个体生活和社会结构。教育既可以作为影响个体生活的结构性因素，同时也可以作为个体生活的一部分受到更大的结构因素影响。

　　生活史作为教育研究的一种范式，具有独特优势。这些优势是其他定性研究方法所不具备的。其中一个突出的优势就是其提供了一个辩证理解教育生活的过程。这使得研究者可以更好地在个别故事与社会历史背景、研究者与被研究者以及教育理论与教育经验之间进行平衡和整合，让我们更加完整、立体地呈现教育生活故事，让感到自己的生活支离破碎的个人可以重新整合他们的自我，让抽象的教育理论可以展现更多增加理解的细节。这些方法上的独特优势让读者看见多重的教育现实，更加信任教育研究。

第四章

教育生活史的方法与技术

在任何的情况下，生活史方法的有效使用都取决于可获得资料的完整性以及对经验和定义发生背景的认识。虽然生活史这个研究的过程不能明确程序化，但描述生活史建构过程汇总的主要阶段还是有必要的。肯尼思·布鲁默在《生活档案》一书中描述了使用生活史方法的五个主要过程，包括：准备阶段、"数据"的收集阶段、"数据"的储存阶段、"数据"的分析阶段和"数据"的呈现阶段。同时，他也强烈建议在研究的实践中，每一个阶段都可以与下一个阶段并行执行，而不必一定遵循这个顺序。朱莉亚（Julia Nelson Hagemaster）把生活史研究分为六个步骤（见图4-1）。

第一步为初步知识，是指研究者在研究中采用的质的研究方法知识，如果难度水平低，研究者在制订研究设计前就需要熟悉过程。第二步为研究设计，需考虑样本选择、签订协议、建立良好关系、遵守研究的伦理道德、研究方法和研究的信度和效度等。第三步文献研究和第四步田野调查研究在整个研究中是一个循环过程。第五步为确定主题。第六步为资料分析，包括访谈、现场记录、分析和

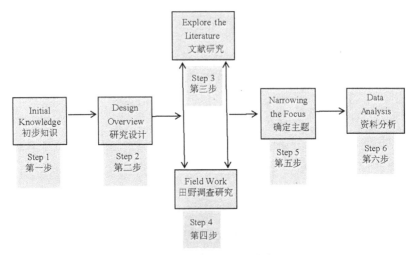

图 4-1　生活史研究的六个步骤

理解。[1]古德森和谢尔托·吉尔（Scherto R. Gill）基于其长期从事的研究项目提出生活史研究过程主要包括：选择研究参与者、为研究访谈设置场景并建立信任、进行访谈、不断完善生活史等阶段。[2]事实上，"我们还很想明确表示，我们不相信只有一种'正确'的方式进行生活史研究。这里无意为生活史提供一个'正统'方法。不同的项目会有自己的特点和要求，每个研究者都可能有自己的个人风格和独特的情感参与任何特定的项目。"[3]正因为如此，基于以往

①　李香玲 . 国外"生活史研究"述评 [J]. 课程教学研究，2015（2）；J. N. Hagemaster. Life History: A Qualitative Method of Research [J]. Journal of Advanced Nursing, 1992, 17: 1123, 1127.

②　Ivor F. Goodson, Scherto R. Gill. Understanding the Life History Research Process. in Narrative Pedagogy: Life History and Learning [M]. NY: Peter Lang Verlag, 2011, Vol. 386: 35–54.

③　I. Goodson, P. Sikes. "Techniques for Doing Life History". in I. Goodson, A. Antikainen, et al. The Routledge International Handbook on Narrative and Life History [M]. NY: Routledge, 2017: 72–88.

研究者提出的生活史研究步骤，仅仅为了更加方便地使用，我们将生活史研究分为四个步骤，即生活史研究的准备阶段、收集生活史资料阶段、分析资料阶段和呈现研究报告阶段。下面，我们将按照这个"顺序"逐一讨论。

第一节 生活史研究的准备工作

一个完善的生活史研究项目的发展很可能源于有意的、理性的、直觉的思考和行动，再加上意外的、偶然的经验。这些生活中偶然的时刻和机会给了我们研究生活史的灵感。理性的原则指导我们对研究项目进行合理的规划和准备。这是生活史研究的重要开始。

一、生活史的类型

邓津在《生活史方法》中认可了奥尔波特将生活史区分为三种不同的基本形式：完整的、专题式的和编辑式的生活史。

所谓完整的生活史，也即试图涵盖个体生活经历全过程的全部内容。当然，这必然是漫长的、多面的和复杂的。完整的生活史不仅包括了"这个人自己的生活故事"，也包括他或其他人眼中他对社会和文化状况的反应，还包括他生活中过去经验和情况的顺序。以克利福德·肖的生活史研究为例，[1] 读者发现肖描述了斯坦利早期的童年经历、他的受教育史、他早期与黑社会的接触、他对被定义为越轨者的最初反应、他与其他越轨者的联系，以及最后他在拘留所的经历，还包括了肖从斯坦利的继母那里获得的访谈资料、他姐

---

[1]　C. Shaw. The Jack-Roller: A Delinquent Boy's Own Story [M]. Chicago: University of Chicago Press, 1966.

姐写的信以及他被送往各个拘留所的正式记录等。研究者通过斯坦利的陈述和他的重要他人的陈述，最初编写 200 多页斯坦利的生活史，并对其进行了社会学的分析。"这就是完整的生活史的核心特征：它是对一个人、一个组织或一个团体的整个生活经历进行仔细研究之后所做出的表述。"①

专题式生活史具有完整的生活史的所有特征。与之唯一的不同点在于：专题式生活史只介绍被研究者生活的一个主题或一个阶段。例如，埃德温·萨瑟兰在《职业小偷》（*The Professional Thief*）② 中介绍一个职业小偷的生活时，只关注一个人作为小偷的经历，因为这与作者关注的主题职业犯罪的社会组织有关。在书中，作者以惊人的细节呈现出关于扒手和骗子的私生活和职业习惯等事实，并深入地解释了犯罪行为的起源、发展和模式。

编辑的生活史可以是专题式的，也可以是完整的。这种编辑的生活史的主要特点是不断穿插焦点人物以外的其他人的评论、解释和问题。例如，萨瑟兰通过添加注释和过渡性的段落来处理生活史。为了理论构建和检验假设，一定程度的编辑和研究者的评论贯穿在其生活史的叙述中也是必然的。③

选择什么类型的生活史研究，不仅关系生活史资料收集的范围，还关系生活史研究的文本表达方式。当然，这并不意味着在研究的准备阶段，研究者就必须明确生活史的类型，可能随着研究资料的收集，选择哪一种生活史类型会更加明确和清晰。

---

① N. K. Denzin. The Research Act: A Theoretical Introduction to Sociological Methods (1st ed.) [M]. NY: Routledge, 2009: 217.
② E. H. Sutherland. The Professional Thief [M]. Chicago: University of Chicago Press, 1988.
③ N. K. Denzin. The Research Act: A Theoretical Introduction to Sociological Methods (1st ed.) [M]. NY: Routledge, 2009: 218.

二、选择被研究者

在具体展开生活史研究前，首先考虑的往往是"应研究谁"。埃里克森曾说过："抽样是那些与广泛而大量数据打交道的人的策略，它是一种在充裕情况下的策略。"相反，生活史研究通常是一种穷人的策略——研究者几乎没有希望获得一个大而有代表性的样本，从中可以做出大胆的概括。生活史研究采取一种特殊的认识论立场，重视主观的、主位的和具体的。因此，研究者认为大样本是不必要的，甚至是不合适的，因为客观的、伦理的和规范的概括不是最终目标。这意味着传统的抽样策略在生活史研究中并不适用（见表 4-1）。

表 4-1　生命史研究和传统实证研究中的抽样策略 [①]

	生命史研究	传统实证研究
抽样策略的类型	策略抽样	随机抽样
谁被选中？	选择样本是因为他们能说什么，而不是他们代表谁	人口中的每个成员都有平等的机会被选入样本
他们为什么被选中？	之所以选择他们，是因为他们代表一些社会历史环境 / 过程 历史抽样 之所以选择他们，是因为他们清晰明了，能够阐明正在研究的现象 / 理解正在研究的现象的复杂性 可有目的地选择：根据其典型性精心挑选	统计的
研究假设和理论构建过程有什么关系？	假设生成 理论产生	假设检验 理论测试

① M. Samuel. Beyond Narcissism and Hero-worshipping: Life History Research and Narrative Inquiry [J]. Alternation, 2015, 22(2): 8–28.

（续表）

	生命史研究	传统实证研究
研究过程终点的目标是什么？	是进一步研究的新思路的起点	旨在到达一个确定的位置
研究过程旨在产生什么样的理论？	本土理论	宏大理论

（改编自 Reddy，2000）

　　生活史研究很少涉及传统实证研究中采用的"随机抽样"方法。更具体来说，生活史研究需要与被研究者进行长时间的言语交谈。研究的主题也更集中于特定的社会情景，因此要求被研究者具有适当的知识和经验。这些因素都决定了生活史研究的抽样更多的是一个理论上有目的的过程，更可能是下列中一种或多种类型。

　　（1）有目的。研究关注特定的特征、属性或经验，而被"选择"的知情人是因为他们符合标准。

　　（2）偶遇。例如，研究者偶然遇到了志愿者或者愿意成为线人的人。

　　（3）方便。研究者很容易接触到线人。

　　（4）"滚雪球"。研究者与线人一起工作，线人会告诉他们可能准备参与的朋友或同事。

　　（5）同质。每个人都有共同的经历、属性或特征。只有当研究集中在一个小群体上时，这种情况才可能发生。

　　（6）极端情况。当线人的特征、属性或经历与潜在研究人群中的其他人相比有显著差异或在其他方面值得注意时。[1]

---

[1]　I. Goodson, A. Antikainen, et al. The Routledge International Handbook on Narrative and Life History [M]. NY: Routledge, 2017: 72-88.

那么，根据这种抽样的原则和方法，究竟哪些人能成为生活史研究的对象呢？关于这个问题，生活史研究者几乎很少谈论，他们认为使用"受访者""知情人""参与者"或者只是"化名"可能更受欢迎，并没有对此问题给予进一步的阐释。肯尼斯·布鲁默认为，生活史研究大致选择三种人：边缘人、伟人和普通人。

边缘人：边缘人在生活史研究中可能是最为频繁和最有成果的选择。从经典上讲，边缘人是一个"命运注定要生活在两个社会中的人，而且生活在不仅是不同反而是敌对文化的两个社会中"。而从社会逻辑上讲，他是齐美尔和舒茨的"陌生人"，以及加芬克尔的"实用方法论者"。在每种情况下，主体都生活在文化的十字路口。在经历了对他或她如何生活的截然不同的期望后，主体意识到社会生活的本质是人为的和社会建构的——人们为自己创造的现实是多么脆弱。在这种意识下，主体将更多地关注文化边界，这是一种被人们习惯性视为理所当然的"合理世界"。

伟人：边缘人的边际性可以很容易被识别出来，而伟人的伟大性则很难。但是一些历史学家经常使用"伟大"这个标准来阐明文明——具有社会意义的事件，而不是常规接受的事件。"伟人"之所以成为伟人，是因为在他们身上具有某些独特的价值。这些价值比他们同时代的同龄人要大得多。在这种观点中，"普通人之于歌德，就像一团煤之于一块钻石。"但是，社会学方法似乎很少支持这种观点，而是倾向于寻找边缘或司空见惯的观点。

普通人：普通人似乎最接近于为更广泛的人群提供概括的来源。但实际上，要找到这样的人也是非常困难的。因为在某种程度上，每个人都是与众不同的。但是出于研究慎重的考虑，研究者经常将重点放在"普通人"身上，以此作为样本来源，或者寻找一些人，他们最初不太边缘，也不太伟大。[1]

事实上，每一种人都可以成为生活史研究可选择的被研究者。但是，具体选择哪一种人，可能有偶然的因素，也有研究可行性的考虑。首先，要考虑的是时间和地点决定的可访问性，也就是能否建立研究关系。一个非常忙碌的人不太可能成为一个好的线人。同样，被研究者应该在研究者能够轻松访问到的物理距离内，否则也很难维持这种研究关系。其次，要考虑被研究者的素质。被研究者"有一个好故事要讲"，而且被研究者"能够讲好故事"。也就是说，被研究者应该完全了解、深入参与其特定的文化世界；他们的叙述不仅是对过去经验的重新解释，而且是对当前行动的陈述；同时他们的陈述也不能过于抽象而损失掉原始的经历描述。再次，需要考虑研究者与被研究者之间的关系。生活史研究可能比其他任何研究更需要与被研究者建立并维持密切和信任的关系。如果两者之间缺乏尊重或存有敌意，这种关系就无法维持。因此，科勒和诺尔斯认为研究者和被研究者之间要存在关联性，也即研究中的两个人为了共同感兴趣的领域而走到一起。这种关系"是一种复杂、流动、不断变化且界限模糊不清的万花筒式关系"。互惠性，也即研究者与被研究者的交流，不仅有助于促进人类现象和经验的背景化理解，而且有助于被研究者对自身生活的反思。而在这个交流过程中，研究者始终要保持足够的学术敏感去发现有价值的材料，同时保持对被研究者真诚的关心和尊重。[2]

在选择被研究者的过程中，研究者需要针对自己的抽样不断进

---

① K. Plummer. Documents of Life: An Introduction to the Problems and Literature of a Humanistic Method [M]. London: George Allen & Unwin Ltd., 1983: 88.

② A. Cole, J. Knowles. Lives in Context: The Art of Life History Research [M]. Walnut Creek, CA: AltaMira Press, 2001: 25.

行检验和反思。这种检验和反思主要集中在两个方面：一是研究者的选择性偏见，二是选择被研究者合适的数量。

研究者的选择性偏见。研究者在选择生活故事的讲述者时存在着选择性偏见，例如，研究者一般选择的是能够吸引自己本能的故事情节或自己同情的故事的讲述者。在这个意义上，人们批评研究者实际上是在讲述自己的故事。另外，每个人都通过参照系来看待周围的世界，这些参照系的出现是因为他们拥有特定的属性和个人轨迹，或者处于特定的社会、历史、地理、政治等背景中，从而导致不同的经历。研究者自身过往的经历会影响被研究者以及对被研究者故事的选择。当然，换一个角度来看，这种选择性偏见在某种意义上也是不可避免的，"通过口头描述表达的所有人类知识和经验本质都是有偏见的。"不过，为了使研究更令读者信服，对这种选择性偏见的反思也是必需的。

选择被研究者合适的数量。事实上，这个问题并不是生活史需要独自面对的。在定性研究中，人们同样不断探讨个案的数量问题。芝加哥学派在 19 世纪 20 年代和 30 年代进行了许多生活史研究，包括大多数"原始""基础"或"萌芽"的生活史，都是关于一个人的，旨在详细了解特定个人的感知和他们的生活经历。因此，"充分性不取决于数量，而是取决于数据的丰富性和所研究生活的性质。……如果目的是揭示一群具有某些共同特征、属性和经验的人共享的经验或解释模式，那么理想的样本量在以下情况是足够的：已经收集了足够的数据并发生了饱和，而且可以解释和理解变化……在定性研究中，调查人员进行抽样，直到获得多个来源的重复数据。"[1] 同

---

① I. Goodson, P. Sikes, "Techniques for Doing Life History". in I. Goodson, A. Antikainen, et al. The Routledge International Handbook on Narrative and Life History [M]. NY: Routledge, 2017: 72-88.

样，丹尼尔·贝尔托认为："一个单独的人的生活故事是独立的，仅基于那个故事进行概括是危险的，因为第二人的生活故事可能会立即与那些过早的概括相矛盾。但是，从同一组社会结构关系中提取的几个生活故事相互支持，共同构成了强有力的证据。"①

第二节　收集生活史研究的资料

在生活史研究中，研究者的任务是将各种可用的"数据"汇集在一起，以"理解"一个人的生活。在这个过程中，研究者主要是通过使用一个人自己的故事尽可能完整地画一幅画来完成的。其他可能对"数据"有某种看法的人的记录是原始资料的次要部分。而对故事发生背景的描述也是为了更好地理解故事本身。研究者为了完成研究的任务，必须将不同的信息相互关联。在生活史方法中，收集资料的过程主要包括以下步骤：

（1）列出个体生活中的标志性或具有里程碑意义的时间点或事件。

（2）通过访谈和去图书馆查找等方式收集资料。

（3）通过填写一份按时间顺序排列的个人经验资料，重建其经历。

（4）利用其他方面提供的信息详细说明重建的工作，和（或）纳入平行的生活史。

（5）重复第（2）—（4）步，直到生活史形成一个相对完整的、尽可能多的个人生活经验的记录。②

---

① I. Goodson, P. Sikes, "Techniques for Doing Life History". in I. Goodson, A. Antikainen, et al. The Routledge International Handbook on Narrative and Life History [M]. NY: Routledge, 2017: 72–88.

② S. Kirby, K. McKenna. Experience, Research, Social Change: Methods from the Margins [M]. Toronto: Garamond Press, 1989: 81.

研究者通过上述步骤，与被研究者一起尽可能收集个体当下的和历史的生活资料，同时收集影响个体生活的环境和难以察觉的各种力量的痕迹。

一、生活史资料的主要形式 [1]

生活史资料主要有两种形式：公共档案记录和私人档案记录。"前者与后者的区别在于，公共记录是为了明确目的而准备的，通常是由法律规定的其他一些档案记录，如法院记录。私人档案记录通常不是为读者准备的。除了已经出版的自传，它们的读者很少。"

在这两类资料的基础上，还可以做进一步的分类，指出哪些是主要记录，哪些是次要记录。主要记录与研究主题有直接关系，次要记录则与研究主题不直接相关，与研究主题相关的类属相关。一部完整的生活史将结合尽可能多的主要和次要来源，同时主要围绕研究主题收集个体文档。

（一）公共档案记录

一般来说，公共档案记录是次要记录。不过在某些情况下，法庭证词、监狱记录或报纸报道会直接关联研究主题，它们也能成为主要的资料来源。具体来说，公共档案记录分为四类：

第一，精算记录（actuarial records）。首先是由记录保存机构提供人口的个人和人口组成部分的精算记录。这些记录包括出生和死亡统计数据以及结婚和离婚记录。

第二，政治和司法报告（political and judicial reports）。这主要涉及法院判决、公众投票、预算决定等。

---

[1] N. K. Denzin. The Research Act: A Theoretical Introduction to Sociological Methods (1st ed.) [M]. NY: Routledge, 2009: 219–229.

第三，政府文件（governmental documents）。这主要包括各级各类政府部门的文件，例如，天气报告、犯罪统计、社会福利计划记录等。

第四，媒体记录（media accounts）。也就是大众媒体的产品，涉及诸如政治或社会问题的转变以及集体行为的实例。此外，大众媒体数据还可能涉及给编辑的信件、作为商业文件的广告、作为虚构作品的漫画、作为意见表达的社论和专栏等。

（二）私人档案记录

对生活史来说，最重要的"数据"是私人记录或文本。私人文本包括自传、日记、信件和访谈记录等。

1. 自传（autobiography）

最常见的私人文本形式是自传。自传通常是在调查者提供问题的基础上写成的。当然，它代表了被研究者自己对其生活经历的解释。可以区分两种类型的自传：一种是研究之前已经出版的，另一种是应研究者要求撰写的。对于以前出版的自传，一方面，研究者必须意识到出版的限制，这些限制可能来自良好的文学品味和价值的准则，也许还有利润的影响；另一方面，已出版的自传具有事先编辑与批评的优势，这通常使其更容易阅读。如果传记是一个杰出的、善于表达的人的生活记录，它也可能拥有艺术和社会双重意义。而未发表的自传将更强烈地带有研究者诉求的印记，并反映了通常不被赋予社会认可或不具声望的生活。

奥尔波特区分了三种类型的自传，与生活史的三种类型相对应。

第一种是综合性自传（comprehensive autobiography）。它涵盖了被研究者从他自己能记住的最早时间点到写作时间的全部生活。它将涉及大量的经验线索，正如奥尔波特所认为的那样，完整的自传给了一幅生活的多样性、圆融性和相互关联性的图景。

第二种是专题自传（topical autobiography）。例如，前面所述萨瑟兰对于一个职业小偷的处理——就是从专题的生活中抽取的。

第三种是编辑的自传（edited autobiography）。这种自传的优点就是消除了综合性自传和专题自传的篇幅和重复性。研究者有意识地关注被研究者的某个方面，选择某些材料进行放大，删除其他材料。但是，材料中哪些部分应该被编辑？哪些部分应该保持个体的陈述？对此，奥尔波特提出一个一般准则，即独特的表达方式（俗语和口语）不需要编辑；为了清晰，或者为了删除重复的材料而进行的编辑似乎是合理的。

2. 日记（diary）

虽然很少有社会学家把日记作为生活史资料的来源，但是奥尔波特认为自发的、私密的日记是最优秀的个人文献。因此，在日记中"作者只记录了对他有重要意义的事件、思想和感受；他不受任务态度的约束，而这种任务态度常常在信件、访谈或自传中限制作品的写作"。在日记中，作者可以表达他在其他情况下永远不会公开的自我感受。对比其他理想的形式，日记作为一个人生活的主观方面的连续记录是无可比拟的。思想被记录下来，随着年龄的增长而消失，被新的思想、新的感觉、新的经历所取代。在长期的日记中，个人生活的转折点和对悲剧的反应都可以被记录下来，社会学家可能会发现一个超越自传的记录。

与自传相反，日记代表了对经验的直接记录，没有受到记忆的重构和扭曲。由于自传的重构性质，它可能会受到动机等谬误的影响，而日记则不太容易受到这种影响。研究者发现自传的作者构建了一些动机来解释他过去的行为，这些动机虽然在当时是现实的，但可能并不正确。

日记可能有几种形式，奥尔波特提出以下三种：私密日记、回忆录和日志。

私密日记（intimate journal）被认为是三种日记形式中最有用的一种。因为它包含了"未经审查的倾诉"——即不连续地写日记，或者每天写，或者间隔更长的时间。

回忆录（memoir）是日记的第二种形式。它基本上是非个人性质的，可能是在短时间内写成的。在这方面，它可能类似于自传，尽管它通常包含更少的关于研究主题和他的个人生活的内容。它更像是对其事务的客观"记录"。

日志（log）是一个"记录本"，是对已经发生或正在发生事件的记录，是会议、参观、旅行等活动的清单。它还可能包含时间预算的记录，但是其典型形式是非个人化的。当日志与专题自传放在一起时，前者可能会填补有关个体日常互动模式的空白，否则就不会出现。然而，单位的日志因为是非个人化的，所以不足以作为完整的生活史数据。

3. 信件（letters）

与日记和自传不同，日记、自传只针对一个人（作者），而信件有双重受众——作者和收信人。这一事实引入了一个在分析信件时必须考虑的因素，信件可能会揭示出更多的作者和收件人之间的关系，而不仅仅是其中任何一方。信件的分析者必须考虑谁是收件人，作者和收件人之间的关系是什么，以及谁是作者。信件的主题和信件所代表的关系的性质也必须被考虑到。在许多意义上，可以说信件揭示了写信人和收信人许多的情景。称呼的风格、表述的方式、涉及的主题和写作的频率，都揭示了一个人对另一个人的看法。在信中，作者将自己的经历展示出来供别人审视，并以他自己认可的方式解释和呈现给另一个人。

4. 访谈记录（interviews records）

由访谈录音整理而成的记录以及被研究者针对开放式问题回答形成的短文将成为生活史研究的主要资料形式。一方面，这与生活史研究旨趣密切相关，即聆听个人的主观看法，显然访谈记录是最能体现这种旨趣的材料；另一方面，这样做也为了让被研究者意识到他的许多生活经历具有社会学意味，尽管这些经历对他来说可能并不重要。

二、收集生活史资料的主要方法

肯尼斯·布鲁默认为，生活史研究中主要有三种方法来了解一个人的生活。第一种，鼓励人们按照指导写下他们的生活史，也就是各种自传、回忆录等。第二种，访谈法。与结构化访谈遵循严格的访问提纲不同，生活史访谈更加开放和流畅。第三种方法是非正式的。它既包括了三角验证法，也包括了参与观察以及随意聊天的记录。①

生活史研究收集"资料"的最佳方法是研究者与被研究者一对一访谈。研究访谈通常强调他们通过对话，目的是引出研究者想要的信息。因此，访谈提倡使用各种策略和技术来实现这个目标。这些策略和技术中的大多数主要涉及在研究者和被研究者之间建立和维持积极的信任关系。为了获得这种信任关系，研究者往往首先要分享自己的经验和看法或者其他方面，寻求与被研究者的共同点。

生活史的访谈更倾向于使用非结构化、非正式、对话类型的会面。因为这种访谈是"朋友"之间的对话，而不是对陌生人的采访。我

---

① K. Plummer. Documents of Life: An Introduction to the Problems and Literature of a Humanistic Method [M]. London: George Allen & Unwin Ltd., 1983: 94–96.

们应该避免互动和对话中过于明显的目的性，以免失去相互之间真实的参与。因此，科勒和诺尔斯提出在访谈的开始使用"引导式对话"。所谓"引导式对话与其他对话的区别是什么？就是'少'。对话的引导部分之所以出现，是因为我们确实有一个目标，而且我们通常的时间和空间资源有限。我们打算在未来的某个时候结束对话，至少出于研究目的"[①]。之所以选择这种方式，目的是鼓励个人详细阐述，并"一开始就尽量少询问"，让被研究者的阐述自然地"流淌"。

"流淌"是指被研究者开始自由地谈论他们的经历、转变、关注点和任务时的访谈形式。被研究者叙述部分越长、越激烈，就越有意义。[②]在这种情况下，研究者提出的任何访谈问题都有可能打破这种"流淌"。研究者应该尽量避免这样做，除非它在策略和认知上被认为是有必要的。研究者在最初的阶段，最好保持沉默，耐心倾听。另外，研究者少干预的目的，还在于更加凸显被研究者在讲述过程中的叙事线索和流程。这种线索有利于研究者更好地探索被研究者的生活。

"访谈者不仅想展示被采访者如何回应叙事探索，还想展示过去和现在的叙事活动是如何作为被采访者生活经历的一部分进行的。"为了了解生活故事讲述者在这个过程中的位置，让讲述者按照自己的方式讲述和发展自己的故事是至关重要的。

在最初访谈的基础上，生活史研究还需要可能不止一次的交流和对话。因为被研究者常常淡化讲述自己生活的价值，他们认为自己的生活平淡无奇。从这一点开始，研究者要与被研究者合作，与他们一起制订讨论的主题，帮助他们创造可供探索的广泛区域。例如，

---

① A. Cole, J. Knowles. Lives in Context: The Art of Life History Research [M]. Walnut Creek, CA: AltaMira Press, 2001: 73.

② I. Goodson, S. Gill. Narrative Pedagogy: Life History and Learning [M]. NY: Peter Lang, 2011: 35–54.

丹·麦克亚当斯在运用自传方法编制的访谈提纲中，提出个人叙事的七个要点：生活章节（life chapters）、关键事件（key events）、重要他人（significant people）、未来蓝图（future script）、生活中的压力与难题（stress and problem in living）、个人意识形态（personal ideology）以及贯穿所有生活故事的生活主题（life theme）。[①] 在此基础上，国内学者根据自己的研究主题编制了"教师生活史正式访谈提纲"，具体如下：

教师生活史正式访谈提纲 [②]

（一）生活章节（life chapters）

1. 试着将你的生活想象成是一本书，你能将你的生活分成几个章节？（至少要分成二到三个章节，至多不超过七或八个章节）你会怎样描述每一章？你想给它起个什么样的标题？

（二）关键事件（key events）

2. 说说你整个生活经历中，包括做教师前和从教后，你感觉最美好的时刻。

3. 再谈谈你整个生活经历中，同样包括做教师前和从教后，你感觉最难熬、最坏的时刻。

4. 现在请想一想，你整个生活经历的转折点是什么？哪一段经历（故事）改变了你的生活？这件事对你的生活又造成什么改变吗？这也包括你做教师前和从教后的经历。

5. 谈谈你最早的记忆吧，不要求一定要有什么特别意义。那

---

① D. P. McAdams. The Stories We Live By: Personal Myths and the Making of the Self [M]. NY: William Morrow & Co., 1993: 256–265.

② 转引自张立新. 教师实践性知识形成机制研究——基于教师生活史的视角 [D]. 上海：上海师范大学博士学位论文，2008：75–76.

些事是否对你产生了什么影响？

6. 谈谈你童年（学前和上小学时）重要的记忆吧，正向或负向记忆都可以，那些经验对你产生了什么影响吗？

7. 在你青少年时期（上中学时）有什么重要的记忆吗？正向或负向记忆都可以，对你产生了什么影响？

8. 再谈谈你成年时期（上大学和参加工作以来）的重要记忆吧，正向或负向记忆都可以，对你产生了什么影响吗？

9. 还有没有其他的什么重要的记忆了？正向或负向记忆都可以，对你产生了什么影响？

（三）重要他人（significant people）

10. 现在希望你能谈谈，你觉得生活中最重要的四个人（也可以再多），你（曾）和这些重要他人有什么关系？这些重要他人对你生活故事的哪些具体方面造成了影响？

11. 再试着谈谈在你生活中是否有特定的英雄、崇拜对象或欣赏的人物？为什么？

（四）愿景（future script）（vision）

12. 在未来的生活和工作方面，你有什么计划或蓝图、梦想？

（五）压力与难题（stress and problems）

13. 可否谈谈在你生活中的一些领域，你最近遇到的一些压力、困境或难题？你打算怎样应对？

（六）个人意识形态（personal ideology）

我们现在来讨论一下你的一些基本价值观与信仰。

14. 你是否相信有上帝或某些神明的存在，或是有某些力量主宰着这个宇宙？请解释一下。

15. 请概括介绍一下你的宗教信仰，你的宗教信仰如何随着时间推移而转变的？你的宗教信仰曾经面临重大急剧的转变吗？

请说明一下。

16. 你的信念和你认识的大多数人的信念，有没有什么不同的方面？哪些地方有歧义？

17. 你有没有什么特定的政治立场？请说明。

18. 你认为生活中最重要的价值是什么？请说明。

19. 你觉得还有哪些话题可以帮助我了解你对生活、工作及世界所秉持的基本信仰和价值观？

（七）生活主题（life theme）

20. 到现在，你回顾了你整个的生活故事，你能指出贯穿你整个生活故事的核心主题吗？

在生活史的访谈中，通过提问进而构建一系列的对话也是比较困难的。首先，问题要足够广泛，以允许漫谈。但又不能太宽泛或太模糊，以至于容易失去研究重点或者让被研究者不知道如何回答。措辞很重要，问题需要尽可能地不受建议的影响，这样对话就不会被引导到特定的方向。同样，它们需要以一种可能引起广泛反应的方式来表达，而不是简单的"是"或者"不是"。其次，在访谈之前，如果被研究者了解研究的重点以及对话的目的，那么被研究者就会对其可能提供的信息类型提出建议。一般的做法是生成一份待探索的领域或主题的暂定列表，并提前或在研究访谈开始时与参与者分享。再次，在正式访谈之前，与朋友、同事甚至潜在的被研究者进行模拟对话，进而去评估访谈中提出的问题。问题一定要是更少的问题而不是更多的问题，广泛的问题而非狭窄的问题，令人舒适的问题而不是令人窘迫的问题。最后，为了获得更多的信息，调整访谈的地点也是很重要的。不同的情景会唤起不同的记忆和对不同问题的反应。在工作场合的访谈、在家庭的访谈、在公园或餐厅的访谈可以唤起不同的故事，收获不一样的信息。

尽管我们这里介绍了生活史收集数据的多种形式，但是在实际的应用中，研究者很少将多种方法结合起来。大多数研究者或者使用访谈，或者使用笔记和信件，或者使用自传。事实上，最好的策略是三角验证法。所谓"三角验证法"是指"将同一结论用不同的方法、在不同的情境和时间里，对样本中不同的人进行检验，目的是通过尽可能多的渠道对目前已经建立的结论进行检验，以求获得结论的最大真实度"①。桑德拉（Sandra G. Kourizin）认为将信件、日记、笔记、访谈甚至公共资料同时结合起来，才能产生最终的分析资料。对一种方法的使用加强并验证了另一种方法进行使用的合理性。正如奥尔波特所说：通过这种多维方法获得的证据的内部一致性，或自我对抗性，几乎是我们对研究有效性的唯一检验途径。因此，研究者应该通过各种方式将个人文本材料置于更大的方法领域中。②

三、整理生活史材料的程序③

研究者通过田野调查工作获得的资料，经过整理才能形成档案资料，进而形成准备分析的资料。这是完成生活故事的访谈之后的第一个主要任务。

1. 转录

转录工作是一个非常耗时且常常是无聊的工作。对于一个小

---

① 陈向明 . 质的研究方法与社会科学研究 [M]. 北京：教育科学出版社，2000：402.

② N. K. Denzin. The Research Act: A Theoretical Introduction to Sociological Methods (1st ed.) [M]. NY: Routledge, 2009: 232.

③ K. Plummer. Documents of Life 2: An Invitation to a Critical Humanism [M]. London: SAGE Publications, 2001: 150–152.

时的录音，大概需要长达 10 小时的转录。毫无疑问，研究者自己进行转录，可以让你熟悉数据，而且还有助于帮助分析，因为重复聆听以及与数据密切接触的结果可能会发展出想法和主题。然而，即使是其他人进行转录，研究者也应该听录音并坚持记录，以确保尽可能减少错误。这种仔细倾听很重要，因为意图和意义通过事物的表达方式和实际使用的词语来传达。另外，研究者要考虑在多大程度上需要直译。例如，是否应该包括日常谈话中所有的支支吾吾、含混不清和混乱的内容，是否应该将文本在转录时变得平滑和圆润，以及是否应该评论情绪和感觉的问题。这一切都将取决于目的。按标准来说，我们的目的是让文字尽可能易读，同时不失去意义。一般来说，研究者还应考虑是否需要一点点编辑工作。露丝·芬尼根（Ruth Finnegan）回顾了一些研究，建议常见的编辑约定如下：

（1）省略类似"呃"和其他犹豫的话语，像"你知道"或者"我是说"；

（2）话语开头的修复和纠正；

（3）省略访谈中的回答，如"我明白了"或"是的"；

（4）使用标准书写，而不是方言；

（5）不要使用"眼拼写"（eye spellings）；

（6）使用标点符号，就像普通文章一样；

（7）根据上述条件，请勿更正或解释……

尽管列出了这些约定，尽管这些约定也很有用，但是研究者也要意识到转录存在的问题。例如，在会话分析时，主要目的是尽可能准确捕捉人们谈话时的语音语调，甚至停顿。但是转录录音，可能会损失这些信息。因此转录需要一个非常详细的转录模式，也就是说可能还需要一个视觉记录用来捕捉肢体语言。

2. 索引、编码和归档

随着"生活"以可管理的形式出现在纸上，这将使关键主题和问题可快速用于分析和存档。约翰·洛芙兰（John Lofland）在重要的《分析社会环境》（*Analysis Social Setting*）一书中讨论了这些过程，在这个基础上肯尼斯·布鲁默提出三种可能处理文件的形式：核心文件、分析文件和个人日志。

核心文件（core files），应包含所有数据，也就是最纯净和最丰富的未经编辑的形式，严格按时间顺序排列和编目，以及列出所有文档、其文件名和其他具有显著特征的索引文件。此主文件（与所有文件一样）应进行双重备份，并呈现为永久文件。这是收集的所有材料的持续和完整记录。

除此之外，还必须有一系列不断变化的分析文件（analytic files），在分析文件中，新获得的材料被分析整理到特定的理论主题和概念中。因为关键主题在文本中突显出来，所以全部文件中的一部分被删减，一部分被引用，并放置在适当的分析或专题文件中。这些材料将不断被调整，然后移动到主题中。只要保持主要文件的完整性，你可以随意调整。希望这种分析主题能够慢慢地发展成为生活史研究的总体结构。

可以有效保留的第三组文件还包括个人日志（a personal log）。这些都是为了传达研究者对被研究者不断变化的个人印象、被研究者的情况、他们自己的个人担忧和焦虑的研究。这些应该是任何研究过程的必要部分。这些也应该保存在主文件中，可以安排成分析文件等。

所有这些关于编码和归档的讨论可能听起来很无聊。但事实上，正如米尔斯曾经观察到的那样，归档确实是一种"智力生产"。这是你正在做的工作的记录，没有它，最终的"产品"会更糟。正如他所说，文件是"不断增长的事实和想法的存储，从最模糊到完成……所有与我合作的工作都以它们开始和结束，最终的著作只是从它们的持续工作中组织出来的"。因此，在做生活史研究时，一个好的归档系统可以容纳你的所有想法。

第三节　生活史资料分析的方法及维度

传统上，遵循实证主义研究范式，材料的分析发生在研究过程的特定阶段，即在所有证据以任何形式和方式收集和处理之后。这个时机是为了避免引入任何偏差。而生活史研究者倾向于认为，一旦他们开始与被研究者合作，分析就已经开始了。

分析是关于理解或解释研究人员决定将其视为数据的信息和证据。这通常涉及将证据和信息放在某种框架中。这个框架采取分类、类别、模型、类型学或概念的形式。"克罗斯利（Crossley，2000）指出，资料分析的关键就是要去了解自传访谈情境中所产生的意义内容，以及意义的复杂性。但是，史密斯（Smith，1996）认为，要了解这些意义并不是件容易的事，必须要仰赖'诠释'（interpretation）以及研究者投入于和逐字稿之间的'诠释关系'（interpretation relationship）；必须持续不懈地与文本奋战，投入于诠释的历程。"[①]这是研究中最有创造性的部分，需要对成堆的"数据"进行长时间的沉思和反思，直到它"有道理"和"感觉正确"，并从中产生关键的想法和主题。

对于那些生活史研究的新手来说，特别期待能够找到一套工具、

---

① 　张立新. 教师实践性知识形成机制研究——基于教师生活史的视角 [D]. 上海：上海师范大学博士学位论文，2008：112.

技术或"可靠的"方法来帮助分析过程。结果却令人失望，因为生活史分析没有公式或固定的方法。因此，我们也无意和无法提供固定的方法和程序，只对某种广泛认可的典型性方法做介绍，以供读者参考。

一、资料分析的过程 ①

教育人类学家沃尔科特在他的著作《转化定性数据：描述、分析和解释》（*Transforming Qualitative Data: Description, Analysis, and Interpretation*）中使用"转化"概念来描述研究者利用收集的大量资料来完整分析的任务，以便能够以连贯方式传达给更多的读者的过程。"转化"关于变化，尤其是形式的变化。它是关于改变被讲述的生活的表面和形式，就如同揭示生活的核心和实质一样。沃尔科特著作的标题和内容确实抓住了这一阶段生活史工作任务的本质。他认为分析过程包括分析、描述和解释等构成要素，其目的是帮助我们理解复杂而多层次的意义制造过程。

（一）分析

分析的三个层次或阶段涉及阅读或处理研究材料的不同方式，并代表意义生成的不同层次。虽然我们似乎在以一种独特而明确的方式来说明这些阶段，但实际上是在努力说明一种多层次、循环的概念，这个概念是由连贯和相互联系的要素构成的。当我们处理研究文本时，我们会用越来越透彻的视角来阅读它们。肯尼斯·布鲁默认为分析工作首先要做的就是阅读，并做好笔记；重读，不做笔记；再读，做新的笔记；思考，匹配笔记。第一次阅读获得的见解

---

① 主要观点和叙述来自 A. Cole, J. Knowles. Lives in Context: The Art of Life History Research [M]. Walnut Creek, CA: AltaMira Press, 2001: 115–121.

可能帮助我们勾勒出个人的轮廓。从第二次开始，更深入的阅读可能会出现一些模式或主题，帮助我们开始填充和添加"形状"和"纹理"来理解个人。阅读语境信息，即关于在场人员，可能会增加其他维度和视角。最终正如肯尼斯·布鲁默所坚持的那样，"长时间对成堆的数据进行思考和反思"将开始"有意义"和"感觉正确"，以及"关键思想和主题（将）从中流出"。

从某种意义上说，作为研究者，我们分析的其中一个目标就是尝试以被研究者的思维去理解他们，进而发现其经验的意义。我们试图重回被研究者个人生活的各个部分，以便能够真实地描绘这种生活。但是同时我们也应该注意其局限性，也就是无论我们的描述多么真实，这种描绘都仅仅是"我们"的描绘，明显带着我们"痕迹"的描绘。在这个意义上，"我们"的描绘代表了一种重述、一种重新呈现。这种重述和重现是经过时间的过滤并通过表达和解释增强的。

对于研究者和读者来说，参与不同层次和每一次的研究文本都很重要。通过描述性的分析和呈现，我们了解了个体——就像在引人注目的文学作品中被介绍和认识人物一样。在撰写分析这一部分时，研究者需要尽量贴近收集到的信息和材料。通过更深入的分析和呈现，研究者和读者看到了提供结构和意义的主题和联系——故事开始展开，情节线被揭示。在这个层面上，研究者的视角是显而易见的，因为他试图在语境中理解被研究者的生活。研究者有能力站在作品后面，通过广角的解释性镜头，考虑所揭示的意义。在此过程中，他提供了一个更广泛和更符合语境的解释，他对这部文学作品进行了诠释。

（二）描述

在生活史研究中，讲述的故事及其意义是研究中心，决定讲述的形式和结构对作品的质量至关重要。如何介绍、呈现、描绘或描写被研究者的决定是关键。分析和再现的描述层次，为后续层次的分析和产生的意义的表示方式提供了基础和组织框架。介绍一个被研究者的生活方式和风格是形成分析框架和代表性研究工作的关键。例如，描述（简介、肖像或记录）可能是基于所收集信息的说明性记录的形式，介绍被研究者并暗示他或他们生活中与研究重点相关的基本元素或关键主题。这种介绍可能相对简短，也可以冗长，可能包括研究对话的摘录。不过，主要是研究人员的声音。

与对生活的解释性叙述形成鲜明对比的是完全用被研究者的语言和声音来描述的介绍。为了准备这样一个记录，研究者选择、组织和编辑转录的文本。这种描述性的陈述所产生的效果与前一种记录所造成的效果有本质的不同。因为就表征形式而言，第一人称的存在，被研究者主动发出声音传达了一种权力因素，这与研究者抑制被研究者话语时所传达的权力因素是完全不同的。

另一种形式的描述性记录是当研究者对被研究者的话进行文学处理时，例如诗歌转录，被研究者的话被仔细选择、排序，并放置在诗歌或类似诗歌的形式中进而传达一个特定的含义或图像。诗歌转录的声音既不是研究者的，也不是被研究者的，而是通过语言和结构之间的创造性对话而产生的第三种声音。根据格莱斯（Glesne）的研究，被研究者的话是"由研究者塑造的，给人以快乐和真实"。这种类似诗歌的研究报告确实可以令人愉快。

还有一种描述性的再现形式是由研究者创作的小说。安娜·班克斯（Anna Banks）和斯蒂芬·班克斯（Stephen Banks）在他们的《小说与社会研究：冰与火》一书中断言："如果学术研究真的是研究者的思想和心灵的追求，那么它（小说）是使研究变得有生命力的表达，并将我们每个人与所学、传统和受众联系起来。"安娜·班克斯和斯蒂芬·班克斯接着说："每当研究的目的是唤起观众对他人主观经验的感受时，小说可以成为表现的模式。"鉴于研究者的研究责任已经不是追求一个真实或客观真实的表述，那么我们现在可以把我们的注意力放在唤起、共鸣和交流的形式上。

（三）解释

所有的诉说都是一种解释，不管听到的是谁的声音；所有的解释都是虚构的，尽管依赖"事实"；无论我们做什么，如何做，我们都是"代表"。我们要不要代表和沟通？这是一个重要的问题。还有一个重要的问题是：如何更贴近"数据"？尽量忠实于原始形态，对于我们很重要。更进一步讲，是什么因素帮助我们回答这个问题及其相关问题？

如果我们认为所有的记忆都是选择性的，是一种重建，或者可能是大脑创造的，因此是虚构的，那么我们就应该假设那些被选择和讲述的记忆是值得纪念和拥有重要地位的。我们所记得和讲述的关于我们生活的故事反映了我们是谁、我们如何看待自己，以及我们希望别人如何看待自己。朗格内斯和弗兰克认为："如果记忆是选择性的，那么就必须有一个先验的个人身份结构。它提供了模版，通过这个模版，某些事件被铸造成足够重要的图像存储。"换句话说，当被研究者展示他们生活史的要素时，他们也在展示他们身份的要素。从某种意义上讲，就好像被研究者参与到分析的第一层。他们从丰富的经验中筛选出一些故事来告诉我们。他们甚至简化或浓缩他们排练最多的事件或经验。无论我们花多少时间与被研究者交谈，他们给我们的启示总是有限的。这是复述经验的本质。我们的任务是理解思维或意义——概念的框架，因为它可以引导被研究者的经验分析和选择告诉我们的故事。我们力求以一种总体的方式理解被研究者对自我的概念。作为生活史研究者，我们在解释和表现生活时，使用这些识别元素作为组织结构、基本主题或"根隐喻"。科利（Kohli）提醒我们"生活史……不是个人生命历程中所有事件的集合，而是'结构性的自我形象'"。

邓津以及有些学者用顿悟的概念来描述一个人生活的重大的、标志性事件。顿悟强烈地影响着我们的行为，并以令人惊讶的方式在我们生活的小计划和大计划中发挥作用。每个人都有许多深刻的经历，这些经历改变了生活，标志着岁月的流逝以及生活的基调并影响着生活。这些是我们在重建过去和理解我们的生活时所回归的事件和环境。这些是顿悟。对于研究者来说，在成堆的笔记、文字、图片和物品中进行快速的筛选，顿悟的概念是有用的。正如顿悟赋予个人生活以重大决定和意义一样，在探索的过程中顿悟也发挥着作用。事实上，对于那些努力进行分析或阐释叙事意义的研究者来说，顿悟成了一个组织点，围绕着这些组织点生活可以被重述。最终，它们可以成为吸引读者的故事线。对于从事研究分析的人来说，挖掘生活中的顿悟事件常常成为顿悟研究的时刻。反过来，它们又成为讲述那个生活故事的枢纽点。发现个人生活中的顿悟时刻或一个人身份的核心元素是密集参与的结果。它需要认真、深入地倾听、观察和说出话语间隐藏的含义，寻找在语境中赋予个人生活形态和意义的潜在结构。

作为生活史研究者，我们需要倾听一个故事，而不仅仅是听故事，因为我们与被研究者互动，与收集的信息对话。生活史叙事记录不仅仅是故事本身的记录，而是关于这种故事本身告知、阐明或者为我们提供对作为生活史主题的社会现象的见解。生活史研究者也不仅仅是记录故事、叙述和生活历史传记，而是分析和发展理论的洞察力。因此，解释、重新解释始终是生活史的旨趣。

二、变焦模型：一种生活史的分析框架 [①]

事实上，生活史材料的分析既可以参考叙事方法中个人叙事的分析框架，例如克罗斯里（Michele L. Crossley）在《叙事心理介绍：自我、创伤与意义的建构》（*Introducing Narrative Psychology: Self, Trauma and the Construction of Meaning*）中介绍的分析流程 [②]，也可以参考厄尔本（Michael Erben）传记研究的阶段模型，对具体事件展开解释 [③]。两种分析框架都对我们分析教育生活史具有很强的借鉴意义。这里我们再介绍一种与以上两种都不同的分析框架——变焦模型。芭芭拉基于后结构主义、话语分析、叙事学、文本分析、心理学、人类学和社会学构建了生活史分析的动态框架。

变焦模型的发展是为了使在生活史中发现的多层意义最大化。变焦镜头是来自摄影领域的隐喻，它让我们既能聚焦在一片树叶的细节上，也能看到广阔的森林，达到一种"见树又见林"的效果。当我们这么做的时候，我们意识到树叶和森林实际上是整个全景的不同部分。变焦的隐喻将这种镜头的动态变化转换为生活史中的不同维度，让我们在个体自身的全景中思考特定的个体记录。这种变焦的隐喻不仅能让我们专注于某一特定的兴趣水平，也提醒我们通过一个小小的移动，我们可以在感兴趣的层次之间游走，从背景到前景再向外缩放。不仅如此，更重要的是，这种不同水平之间的变焦运动提醒我们不同层次的"数据"不是离散的实体或者二元对立，

---

① 本部分观点和叙述来自 B. Pamphilon. The Zoom Model: A Dynamic Framework for the Analysis of Life Histories [J]. Qualitative Inquiry, 1999, 5(3): 393–410.

② M. L. Crossley. Introducing Narrative Psychology: Self, Trauma and the Construction of Meaning [M]. Philadelphia: Open University Press, 2000.

③ M. Erben. Biography and Education: A Reader (1st ed.) [M]. London: The Falmer Press, 1998.

而是在一种关系中，在错综复杂的内在联系中，例如个人与社会的关系。另外，这种变焦模式还帮助研究者在面对矛盾的数据或记录有效性受到质疑时，通过放大或缩小寻找互补数据来审视矛盾的数据或记录。因此，变焦隐喻引入了数据的动态和关系的概念。

变焦模型要求生活史解释者从宏观、中观、微观和互动四个层面进行研究。每个层面都包含特定的分析层面。

宏观层面，主要从社会文化层面分析生活史，它通过研究个人叙述来揭示影响个体的所有文化过程，主要包括主导话语、叙事形式和群体影响三个焦点。首先，我们需要寻找主导话语的影响，寻求理解那个时代的文化规定。其次，我们需要考虑叙事的构成，因为讲述生活的方式往往是受特定文化影响的，这种叙事形式就使得个体与社会的某些关系成为可能。最后，宏观历史分析通过解释同群体的相似性和差异可以揭示历史事件对个体生活的可变影响，在宏观层面上揭示了个人与社会的关系。

中观层面，主要关注的是个体故事的讲述过程，分析叙事过程、叙事主题和关键术语。根据罗森塔尔（Rosenthal）的观点，叙事过程可以进一步分为叙述、描述、论证或理论化。直接的叙述是一组事件以一种有意义的方式排列。描述将解释和修饰一个静态的结构，比如"我们住的地方"。在一个更高的分析水平上，当故事之外的抽象元素被添加进来时，我们可以看到论证揭示了叙述者对其他因素的认识。理论化则让我们看到叙事者在反思过去事件时的当前取向。当我们的视野跨越整个生活史资料时，个体故事建构的主题也就凸显出来了。我们寻找由个体建构的主题，以便在他的生活史中形成连贯性。我们思考在每个人的叙述中看不到的东西。换句话说，我们寻找生活史中的沉默和缺席。因此，通过这种中观层面的研究，我们能够照亮一个生活史中的个体维度。中观层面关注的最后一个方面集中在特定关键术语的使用上。这些是在个人叙事中发现的正式标记，表明自我与社会的关系，并可能表达和谐、冷漠、模糊或冲突等。

微观层面，主要关注的是生活史的口头表达。在这个层面上，我们主要分析停顿和情感。停顿和犹豫是日常用语的组成部分。当我们互相倾听时，它们的影响就被纳入我们整体的理解之中。因此，在进行转录时，我们有必要捕捉和标记不同长度的停顿。虽然个别停顿和犹豫的含义并不总是在一个摘录中表现出来，但是再一次放大整个生活故事，可能会揭示停顿的模式，这样，停顿就成了进一步推理和理解的资源。另外，作为叙述者在讲述某些事件时，口头的维度可能会增加说话者的语言深度，而在其他情况下，说话者的情感可能会显示出需要进一步考虑的不一致性。无论是悲伤、失望，还是自信、高兴、骄傲，所有的情绪都可以用来充实个体的生活记录。

互动层面，主要是指研究者理解生活故事并转向研究主题，包括研究者与被研究者相互影响和反应。如前所述，从深层次的意义上讲，叙述一个特定人的生活故事，这是两个人共同的产物。研究者作为解释者的角色在分析过程中一直都是积极的角色。互动层面的分析提醒我们，作为研究者我们要处理而不是搁置自己的主观性，我们并不具备所谓的"客观隐形"的特权，我们应该公开而不是隐藏在分析过程中研究者的影响。另外，研究者的情绪也必须受到重视，研究者首先应该避免成为"情绪表现者"，但是同时应该尽力自我反省。在研究过程中，研究者自身无论是共鸣、痛苦还是困惑的情绪，都会迫使其认识并质疑自己的价值观、刻板印象和真理，提醒研究者注意悖论的、矛盾的、边缘的以及相容的内容。

从以上所述可知，变焦模型在放大或缩小中穿梭于生活史的不同层面，让我们能够将单一的生活历史在多层次得到解释。从变焦模型（见表 4-2）可见，每个层次都有与众不同的特定焦点。

表 4-2　变焦模型

层面	特定焦点
宏观放大	主导话语 叙事形式 群体影响
中观缩放	叙事过程 叙事主题 关键术语
微观聚焦	停顿 情感
互动缩放	相互影响 反应

第四节　呈现生活史研究的报告

在分析完所有相关数据后，研究人员面临的问题是如何呈现他们的发现。在传统社会科学研究中，客观主义和实证主义很少关注撰写研究报告的技术，通常模仿自然科学的风格。表格、调查结果以及经过检验的假设，都是不言自明的，因此研究报告仅仅是呈现，而不是书写"发现"。但是在定性研究中却大不相同，关于研究结果最终应该以何种方式呈现的清晰度、共识和一致性要少得多。写作不再是"仅仅"捕捉现实，而是帮助"构建"它。数据、理论和假设不是简单地宣示自己，而是必须巧妙地编织成一个文本。这也就意味着研究报告不是一个简单的技术汇总，而是一项艺术的工作。"所有的写作都可以被视为一个注释，作为一种言语行为，作为一种话语，作为修辞，作为叙事，作为一种社会建构。"① 这项工作很大程度取决于特定项目的性质、范围和重点，以及呈现的类型、目的和目标

① K. Plummer. Documents of Life 2: An Invitation to a Critical Humanism [M]. London: SAGE Publications, 2001: 171.

读者。肯尼斯·布鲁默认为，将呈现生活史研究报告这种创造性的工作分为三个部分可能会对研究者有所帮助：目的、介入和方式。

一、目的

写作的核心是一种有目的活动，而不仅仅作为一种媒介。正如沃尔科特所说："当你能写出一句批评的、清晰的、简洁的句子时，你会清楚地意识到：本研究的目的是……虽然从结构上来说这是一个非常乏味的开端，但我知道，帮助学术作家找到、宣布和保持重点的最好方法，莫过于让这句话不仅在他们的脑海里，而且在他们的手稿中。"[①] 因此，写作的开始，我们首先要弄清楚的问题是：你为谁写作以及你希望实现的目标是什么？如果不知道为什么而出发，那么我们的写作就会漫无边际、混乱和缺乏条理。在梳理生活史写作背后的目的时，格拉泽（Glaser）和斯特劳斯（Strauss）以个案历史（case history）和案例研究(case study)之间的区别为例进行了剖析。他们认为个案历史关注的是个人文件的本身价值，也就是讲述一个好故事；或者某种社会现象需要深入探讨。而案例研究将个人文件用于更广泛的目的，也就是说，文件本身并没有引起特别的兴趣，但是其与更广泛的目标有关。正如格拉泽和斯特劳斯所言，个案历史的研究目标是为了本身目的，获得尽可能完整的故事。相反，案例研究是基于分析抽象和结构的描述，或验证和生成理论。总之，个案历史突出故事和故事线。而在个案研究中，故事从属于抽象目的。在案例研究中，理论处于将个人文件编织和组织在一起的外部；而在个案历史中，理论是归纳发展的。同理可知，生活史研究与生

---

① K. Plummer. Documents of Life 2: An Invitation to a Critical Humanism [M]. London: SAGE Publications, 2001: 170.

活案例研究也是不同的，生活史更关注的是个人文件本身的价值和意义，尽可能获得完整的故事。因此，生活史写作更加注意创造好的故事，而好的理论则基于这个好的故事。

除此之外，生活史的三种类型——全面、主题和编辑，也是我们写作必须明确的重点。因为这关乎我们在写作中呈现的生活史是个人的整个生活，还是某一特定主题下的生活。当然，呈现全面的生活文件是困难的，因为需要掌握一个人生活的全部。但是也绝非不可能。很多人物传记就几乎是对个人全部生活的呈现。

二、介入

研究目的的确定将有助于决定作为研究者应该在多大程度上"介入"研究的经验材料。经验材料服务于研究目的，研究目的的不同决定资料在最终文本中的位置。这里的"介入"主要指的是在写作文本中如何呈现原始资料以及在多大程度上呈现，还包括对原始材料的解释程度。

在社会科学研究中，几乎很少将原始资料完全呈现出来。除了在原始资料转录过程中进行必要的编辑处理外，研究者出于研究的需要，还要进行各种各样的删减、切割、嵌入以及凝练。首先，研究者为了将原始资料与自己的论述结构化为连续的陈述，在一些地方使用了被研究者的话语，而在其他地方则使用研究者的话语，这是非常常见的写作策略。这样的呈现方式并不会使得原始资料失去其真实的意义。其次，研究者为了使得生活史的故事更具可读性，或者为了减少其篇幅，对原始资料中的重复部分以及过长的陈述进行必要的删减和切割，这也是常见的做法。再次，不同的研究者有不同的研究目的和写作风格，研究目的和写作风格的不同使得他们对原始资料的呈现方式不同。原始资料可以在正文中部分呈现，不做解释，留给读者思考；或者原始资料在文本中部分呈现，研究者在引言、脚注和结论中解释；或者原始资料在正文中呈现，研究者的评论放在文末；抑或原始资料不做呈现，全文都是研究者的话语来解释个体生活史。

因为所有的资料都是有选择性的，所以关键问题就是解释问题。奥尔波特就认为"理论和归纳材料之间的互动过程……是个人文献的方法论问题的本质"。在个人文件的解释问题上，始终存在两个主要解释者：研究者和被研究者。因此，对待原始材料同样存在着两个"理想类型"，即研究者将其"理论"强加于被研究者的理解之上，或者被研究者自己对世界的理性建构以最纯粹的形式被理解。以这两个"理想类型"作为连续体的两端，可以定位研究者在多大程度上将自己的分析或解释强加给被研究者，或者被研究者自己的世界在多大程度上被允许不受"污染"。在这个连续体的最右端，标识为研究者可以独立于被研究者构建他的叙述。显然，这是一种极端方式，在生活史研究中不会存在。沿着连续体再往左走，我们可见一种常见的做法就是研究者将他自己的解释方案强加给收集的材料，或者说材料被用来"验证"某个理论。研究者并没有提供任何理由或解释来说明他为什么选择这些材料而不是那些材料。沿着连续体再往左走，到了系统主题分析阶段。在这个阶段，当被研究者或多或少被允许为自己说话时，研究者慢慢积累了一些研究主题，这个主题可能来自研究对象的叙述，也可能来自理论。沿着连续体再往左移动，到了一个新的阶段。在这个阶段，研究者极少干预，或者只进行必要的干预。最后，在连续体的最左端，只是被研究者自己的叙述，没有任何解释和分析。其中最典型的例子就是自传、日记。在这个连续体中，研究者根据研究目的的不同，选择对原始资料的解释程度也不同（见表4-3）。

表 4-3　"污染"的连续体 [1]

I	II	III	IV	V
研究对象的"纯粹描述"（未加工） 例如：原创日记、自荐信、自传、自己写的书、社会学家自己的经验	编辑的个人文件	系统性主题分析	通过轶闻（例子）证实	社会学家的"纯粹描述" 例如：社会学理论

三、方式

约翰·洛夫兰通过两年内对数百篇文章和长达一本书的定性领域研究报告的回顾，认为大多数定性研究中都有一种"通用风格"。这种"风格"旨在寻找一种"描述社会结构和过程的类型，以及它们内在的动力及其原因和结果"。大多数定性研究将关注一个比手中的主题更广泛的问题或框架。因此，生活史研究始终将具体实例置于一个更广泛的"框架"中，所有个人的生活史最终都位于某个总体问题中。这个框架可能是主观的，也可能是实质性的。

围绕这个中心维度，约翰·洛夫兰认为研究报告在"新颖性、详细性、事件性以及相互渗透性"四个方面可能做出与众不同的突破。所谓"新颖性"，强调研究者需要提出新奇的，甚至奇异的框架，这些框架在研究的早期才有提出的可能；所谓"详细性"，关注的是研究者在非常详细的细节上填充框架的程度，而不仅仅是把它作为简单的分析工具，然后忽略它；所谓"事件性"，关注的是经验材料的丰富程度，太多的定性研究都是抽象的概念论，概念变得很重要，经验材料在文本中丢失（或者走向另一个极端，除了经验材料什么都没有，概念化变得过于单薄）；所谓的"相互渗透"的框架，

---

① 　K. Plummer. Documents of Life: An Introduction to the Problems and Literature of a Humanistic Method [M]. London: George Allen & Unwin Ltd., 1983: 113.

这涉及概念理论文本与经验材料相融合的方式，关键的区别在于隔离的风格。（其中，第一章和最后一章书写理论，中间大部分书写经验数据是为了适应一些预先存在的概念化。）生活史的写作可以使用以上这些不同的风格。

肯尼斯·布鲁默认为，生活史的写作不仅可以通过上述四个创造性的工作进行分析和建构，使我们能够深入感知写作关涉的不同层面和维度，而且可以通过对一连串问题的思考和回答来指导写作行为。具体来说，这些问题包括：①

（1）听众问题：谁将成为这些作品的读者？谁将成为文本中重要的他人？他们如何阅读它？每当写作发生时，总会有人成为隐含的读者——无论是老师、同事、公众，还是自我。作品为谁而写将塑造所写的内容。

（2）意图问题：写作背后的目的是什么？为什么要写作？你写这句话有什么意义？写作有很多动机——为一篇文章获得好成绩，获得学术任期或晋升的著作等。

（3）体裁问题：在撰写文本时应遵循哪些社会科学惯例？是什么有助于它被识别为一种写作方式而不是另一种写作方式？因此，心理学期刊的文章可能会带来与经济学、历史学、文化研究或大众营销等不同的呈现惯例。语言、引用、长度、"证据"以及表现风格都会有所不同。

（4）介入、解释和声音问题：有多少"数据""论点"或"理论"属于你，有多少属于他人？作者的声音究竟在多大程度上介入所研究的说话者、受试者的声音？作者如何呈现或不呈现自己作为权威的身份？作者的"自我"如何输入或不输入文本？哪些内容可以或

---

① K. Plummer. Documents of Life 2: An Invitation to a Critical Humanism [M]. London: SAGE Publications, 2001: 171–172.

应该被编辑，是否有可供选择的指南？这就提出了研究者与被研究者之间关系的问题，特别是在文本中给予被研究者多少声音的问题。

（5）文本互涉问题：正在写作的文本如何使用其他的文本？还有哪些文本有助于塑造正在构建的文本？在新文本的构建中借用了哪些传统、标题、参考文献、引文和风格？大多数文本是从其他人那里借来的，但是如果走得太远，就叫抄袭；如果不引用其他人并暗示没有参考其他传统的纯文本又通常不会在学术上得到认真对待，那么参考的规则是什么呢？

（6）叙述问题：借鉴哪些叙事惯例？谁在说？情节是什么？它在哪里发生，什么时候发生，为什么发生？所有的写作都可以被看作一种叙事形式，而且它也可以被很好地识别出来。

（7）修辞、文体和诗歌问题：这关乎使用什么策略"说服"读者，写作风格如何影响理解，写作的审美维度是什么。社科写作中的诗歌不是华而不实或奢侈的。人们越来越认识到社会科学写作本身是一种修辞，这种修辞是为了展示论证。

（8）结构问题：这个问题涉及一个人怎么写、一个人如何着手写作等实际问题。

（9）领域内的假设问题：在写作之前，什么是"理所当然的"？什么东西在不知不觉中从更广阔的文化中带入文本？这些假设真的需要重新思考吗？因为所有的写作背后都是逻辑和连贯的结构，弄清楚"这是什么"可以大大增加更有力的证据和更关键的方法。

（10）媒介问题：作品将以何种媒介呈现？在这种媒介中，有什么规则可以规范知识的生产？写作将采取什么基本形式？例如，对于论文、报告、期刊文章、书籍，有不同的规则——通常有规定不同呈现方式的内部规则，甚至指导如何写作。但更重要的是，也许除了写作以外的媒体也可以被使用，例如视觉资料或表演。

第五章

教育生活史的应用案例

第一节　教育创新者：过去与现在

一、案例简介

《教育创新者：过去与现在》（*Educational Innovators: Then and Now*）由路易斯·史密斯（Louis M. Smith）、保罗·克莱恩（Paul F. Kleine）、大卫·德怀尔（David C. Dwyer）和约翰·普朗蒂（John J. Prunty）合著。本书的创作是基于研究项目"美国教育中的创新与变革——重访肯辛顿：对一所创新型小学及其教师们15年后的追踪"。研究最终形成了题为"美国教育的创新与变革"的六卷本报告。在此基础上，作者编辑出版了"教育创新剖析"三部曲。《教育创新者：过去与现在》是三部曲中的第一部。

1964—1965年，美国肯辛顿小学的教职员工在米尔福德学区开设了"创新小学"。这是一所致力于让每个学生充分发展的学校，在组织上是无分级的，在课程和教学上是个性化的，在治理上是民主的。具体创新表现在：（1）以儿童为中心的哲学，其关注的是内部而不是外部动机；（2）多年龄段、循序渐进的教学组织方案，以基本技能、过渡和独立学习的维度来划分，而非按年级划分；（3）个性化的课程和教学计划；（4）以团队形成组织教学人员；（5）一个空间开放的学校建筑；（6）民主管理；（7）从全国各地召集优秀教师。①

　　"教育创新剖析"三部曲的写作目的是15年后对教育创新本质的重新研究和重新认识。在《教育创新者：过去与现在》一书的序言中，作者阐明：第一部主要剖析教育创新中"人的因素"，第二部是一本关于"内部社会结构因素"的书，第三部则是一本关于"历史—背景因素"的书。因此，作者坦言本研究最初的目的是单纯的：我们想找到肯辛顿小学原来的教师，追踪他们在知识和游历上的变化，并了解一些关于教育改革者和教育创新的性质。所以研究者最初的问题主要包括：（1）教师们去了哪里？他们都做了什么？他们现在在做什么？（2）肯辛顿的经历在他们的生活中起到了什么作用？他们现在如何看待这段经历？（3）目前，他们的一般性的教育观点是什么？他们是如何看待教育创新的？②"虽然这些问题看起来容易，但它使我们卷入了一系列复杂的智力和情感体验，因为我们是在教育和社会科学研究中寻找'老朋友和同事'，而不是通常所说的'主题'。"③尽管这些问题走向不同的方向，事实上，在分析的层面上，这些问题逐渐聚焦在一些特定的主题上。"简言之，这群非同寻常的教育者是从外部视角来看待他们的职业或职位的。内部视角强调信仰体系这一概念。我们试图看看其结构和内容的自然史。在我们看来，这一观点提供了对当前教育创新观念的重要阐述。"④

---

① L. M. Smith, P. F. Kleine, D. C. Dwyer, J. J. P runty. "Educational Innovators: A Decade and a Halflater". in S. J. Ball, I. F. Goodson. Teachers' Lives and Careers [M]. London: The Falmer Press, 1985.
② 同上.
③ 同上.
④ 同上.

二、研究方法

该研究主要使用的是生活史研究方法。"我们对使用生活史资料的认同是强烈而热情的，这并不是因为缺乏更好的资料收集方法。它源于我们最初形成并不断发展的有关研究问题的概念。"① 研究者最初的问题是"探索从最初的研究时间到我们的教师和工作人员目前生活空间之间发生的经验"。当时，这些教师正在肯辛顿小学展开这一创新行动。15 年后，研究者再次回到这里，通过密集的访谈去收集数据。"这两项研究类似于从一部完整的电影中选择两帧进行考察，并在它们之间进行比较和对照。"对于这样比较和对照问题，贝克尔论证了使用生活史方法的恰切性：

"例如，我们可以在人们生活的两个时期为他们提供一份调查问卷，并从他们回答的差异中推断出一个基本的变化过程。但只有当我们对基本过程的想象是准确的，我们的解释才有意义。而对于这种想象的准确性——这种理论上假设的过程与我们可以观察到的过程的一致性，如果我们花费必要的时间和经历必要的麻烦，就可以通过使用生活史文本部分地得到实现。因为生活史如果做得好的话，会给我们提供过程方面的细节，否则我们只能猜测其特征。如果要使我们的数据具有理论意义，而不仅仅是操作和预测意义的话，最终必须要参考这个过程。"

不仅如此，在该研究中使用生活史，研究者意在通过生活史的素描来厘清像动机结构和个人价值体系这样复杂的线索。比如，探索 15 年前参与承担创立肯辛顿小学的人的原因，这个问题的答案可

---

① L. M. Smith, P. F. Kleine, D. C. Dwyer, J. J. P runty. "Educational Innovators: A Decade and a Halflater ". in S. J. Ball, I. F. Goodson. Teachers' Lives and Careers [M]. London: The Falmer Press, 1985.

能不在参与者当前的认识中，但是通过生活史的回忆可以唤起参与者过去的梦想和经历，进而找到其参与活动的动机，甚至发现其认识的成长轨迹。生活史方法为该研究收集了丰富的资料，为研究主题的形成提供了有力的工具。

（一）寻找当事人

1.寻找

研究者展开的是一项 15 年后的追溯研究，这意味着找到当初肯辛顿小学的教职员工是研究展开的最初任务。在这个过程中，研究者需要具备"灵活、机智和坚韧"的搜寻品质，在其中"坚韧也许是最大的美德"。这也充分说明了寻找的过程相当曲折。"我们的搜寻过程可以被描述为：在我们的社会和职业网络中钻出一系列的孔洞，从每一个孔洞中寻找线索，直到我们到达一个死胡同，然后，我们在新的地点重复钻孔。"① 因此，第一步，也是最简单的一步，研究者通过电话簿找到附近的几个人。本以为通过"滚雪球"的方式能够经由这几个人找到更多的人，但是研究者发现相关人员存在的联系较少。于是，研究者关注另一组人群，因为他们与研究者在职业上的联系而被熟知，因此容易接触到。这群人都是男性，包括前校长、学监和课程主任。因为人员交流较少，没办法继续找到更多的人，所以研究者展开了更多的搜寻工作。最终，除了一位已经去世，一位仍然下落不明，研究者找到了所有人。

2.参加者人数

在找到特定的个人后，研究者通过电话联系的方式进行一般性的交流。交流的目的主要是对研究的目的做出解释，并询问个人是

---

① L. M. Smith, P. F. Kleine, D. C. Dwyer, J. J. P runty. "Educational Innovators: A Decade and a Halflater". in S. J. Ball, I. F. Goodson. Teachers' Lives and Careers [M]. London: The Falmer Press, 1985.

否愿意参加两到七个小时的访谈，讨论与"肯辛顿"有关的一系列广泛问题。除极少数人不愿意外，绝大多数参与者都是积极的。大家渴望重新建立联系，一起谈论回忆"美好的过去"。研究者特别强调"个人参与的渴望"，是因为研究方法和研究目的之间微妙的相互作用。如果被研究者本身参与的意愿不强，即便面对访谈者的访问，甚至是追问，被研究者仍可以使用各种防御性的办法，包括伪造，而不愿意阐明真实。因为如前所述，研究者和被研究者的关系对于生活史研究来说是至关重要的。如果被研究者愿意积极参与，那么他就会与研究者进行最充分的合作。

3. 排序

一般来说，研究者在特定的时间选择采访对象是基于方便或地理上的接近。但是在该研究中，研究者采用了一种整体性的策略：第一，研究者从那些能够为我们提供最大范围和覆盖面的人开始，这些人可以与后来的人一起更深入地探讨这些问题；第二，研究者选择在中间阶段采访关键角色的个人，例如校长和督学，这些关键人物不但会分享关键的见解和观察，还提供了线索以便研究者进行额外的访谈。

（二）访谈

在访谈阶段，超过一半的访谈是在被研究者和两位研究者在场的情况下进行的。第一，访谈者和观察者的角色是互换的，允许其中一个研究者"退缩，关闭"来注意更微妙的表明紧张、威胁或者其他机制的线索，然后重新引导或者定向访谈的进行。第二，观察者可以通过观察找到一条提问线，并沿着这条路走下去，让另一个访谈者有机会放松和重新出发。第三，观察者可以有机会查看自己的笔记，并按照线索进行进一步的阐述，这在提问的过程中很难做到。第四，不同的观察者可以找到高效而不同的提问线索，每个访谈者都可以通过"两组"访谈系统发展自己的专长。第五，访谈者可以有效地掩盖彼此的错误。当然前提是两个人都有必要适应彼此的优点和缺点。第六，两位访谈者的性格差异搭配使得他们与被访者（被研究者）比其他人与被访者更融洽。[①] 当然这种方法，除了明显的优点外，也有潜在的问题，比如两位访谈者风格的迥异而使被访者产生紧张感。另外在访谈过程中，如果其中一个人主导了访谈，那么另外一个人就成为不必要的人。

虽然，访谈存在多重可能，但是研究者认为整体进行得还算顺利。访谈一般持续三到六个小时，分两到三次进行。整个访谈采用的是非结构化方法：一部分是由于见到多年前的老朋友，一部分是由于一种永无止境和无限的好奇心。[②] 所以，研究者的访谈从一个简单的请求开始，"要么告诉我们他们在肯辛顿之前的生活，要么记录他们在肯辛顿之后的生活经历"。研究者通常的策略是询问个人如何参与肯辛顿小学的创立，然后追溯其早期的家庭社会化和学校经验。在整个访谈过程中，研究者并没有使用访谈提纲或者问题清单，"我们的对象（同事或朋友）的早期生活会很容易和自然地流露出来。"

（三）反思和总结

研究者在进行访谈前后，首先记录了研究中涉及的人和事件的初步印象。特别在访谈结束后回宾馆或机场的路上，研究者充分利用了这段时间，利用录音对刚刚结束的访谈进行评论。因为这可以充分地记录访谈者的第一印象，也可以更好地捕捉研究中生成的灵

---

① L. M. Smith, P. F. Kleine, D. C. Dwyer, J. J. Prunty. Educational Innovators: Then and Now [M]. London: The Falmer Press, 1985: 20.

② L. M. Smith, P. F. Kleine, D. C. Dwyer, J. J. Prunty. "Educational Innovators: A Decade and a Halflater". in S. J. Ball, I. F. Goodson. Teachers' Lives and Careers [M]. London: The Falmer Press, 1985.

感。研究的主题最终就是从这些反思和评论中产生的。"通常情况下，一名研究者大胆提出意见、观察或解释，用最近一次访谈中的一项或多项数据来证明，然后将麦克风交给另一名研究者，如果他表示同意，他通常会提供补充材料，如果他不同意，则提供反面证据。然后，他会提出自己的意见、观察或解释。"[①] 这样，研究的主题就在每次访谈结束后的反思和评论中逐渐浮现，同时也极大地推进了下一次的访谈。当然，这与当初两个访谈者的安排是紧密相关的。

三、研究主题

研究者通过对生活史资料的梳理和讨论，最终形成了几个相对宽泛的主题：

第一个主题是"教育职业：时间推移中的人和职位"。这是对过去 15 年中所发生事情的一个更外显的、行为化的看法。研究者首先从收集到的数据出发，在表面就可以发现，被研究者群体很容易根据性别被划分为男教师和女教师，还可以划分为管理人员和教师。女教师还可以进一步划分为年长的女教师、年轻的女教师。这些人口学特征的划分虽然都简单，几乎没有超出常识的范围，但对研究者的初步分析非常关键。这些特征能够使得研究者更方便地介绍这些教师，以及解释他们做了什么以及为什么做这些事情。在这个基础上，研究者对职业的主题展开了进一步的分析和解释。在这部分的分析中，研究者对其中两位教师进行了深入的研究。研究并没有将个人的职业生涯问题停留在一般经典文学式的陈述中，而是更着力于"深描"其职业生涯的具体细节。这样，研究者的分析就辩证

---

① L. M. Smith, P. F. Kleine, D. C. Dwyer, J. J. Prunty. "Educational Innovators: A Decade and a Halflater ". in S. J. Ball, I. F. Goodson. Teachers' Lives and Careers [M]. London: The Falmer Press, 1985: 21.

性地关注到一般问题，也涉及个别的情况。个体职业生涯的描述和分析将研究者引向了"职业问题"，包括职业目标、职业生涯在整个生活中的位置以及"作为女性的职业教师"等问题。

第二个主题是"信念系统的自然发展史"。在前一个主题中，研究者主要对教师职业生涯进行了简单明了的描述，也即探索他们来自哪里、他们去了哪里，以及他们做了什么。事实上，与这种行为性和外部的描述并行的另外一些现象也形成一条线索。"通过阅读和重读访谈资料，回顾我们的解释性旁白和总结性观察以及过去几年的会面、交谈、辩论，我们终于意识到可以用'信念系统'来表达我们正在纠结的问题。……我们认为'信念'和'信念系统'反映的不仅仅是简单和任意的行为，以回应我们的开放式问题。相反，'信念'和'信念系统'具有重要的个性结构和过程的表现，这些结构和过程相当的稳定、持久和复杂。另外，'信念'和'信念系统'似乎在个体处理其面对的各种生活问题方面具有重要的控制功能。更具体地说，'信念系统'的概念似乎为这一创新的教师群体的职业现象提供了一个解释的背景。"[1]在这个意义上，研究者认为不能仅仅从外部角度来审视这些教师的职业生涯和地位，还应该从内部视角强调他们的"信念系统"，也就是进一步追问：为什么这样的人来到肯辛顿参与创办学校？是什么让他们变成这样？这时候生活史方法提供了有力的工具，提供从内部视角发现"信念系统"的机会。[2]正是沿着这样的思路，研究者发现设计和实施肯辛顿革新的那群人

---

[1]　L. M. Smith, P. F. Kleine, D. C. Dwyer, J. J. Prunty. Educational Innovators: Then and Now [M]. London: The Falmer Press, 1985: 116.

[2]　L. M. Smith, P. F. Kleine, D. C. Dwyer, J. J. Prunty. "Educational Innovators: A Decade and a Halflater". in S. J. Ball, I. F. Goodson. Teachers' Lives and Careers [M]. London: The Falmer Press, 1985.

是一个不寻常的教师群体，他们不是从一个简单的模板刻印出来的。他们的"信念"是以长期普遍存在的虔诚观念为框架。例如其中两个典型的信念："作为世俗化宗教的教育改革"和"你会重回家乡"。最后，研究者提出关于信念系统、教育创新以及两者之间关系的结论和启示。

第三个主题是"将人员和问题回归到他们的组织环境中"。通过对访谈资料的梳理，研究者发现有三组重要的问题贯穿于肯辛顿小学的实践经验中，具体可以标签化为："为了改变而改变""偏差"（第一组），"实际推理"（第二组），"魅力"（第三组）。然后，研究者着重探索了"两个最有趣和最令人困惑的异常现象"：领导力和成功。因为在肯辛顿的教师的眼中，这两个概念都是变化性很大的焦点，肯辛顿的教师们对此有自己的理解和坚持的信念。最后研究者试图通过一个概念框架区分创新者、改革者和乌托邦人之间的相同点和不同点。

第二节　教师职业：危机与持续

一、案例简介

《教师职业：危机与持续》（*Teacher Career: Crises and Continuities*）[①] 一书由塞克斯（Patricia Sikes）、梅索尔（Lynda Measor）、彼得·伍兹（Peter Woods）三人合著。该书列入斯蒂芬·鲍尔（Stephen J. Ball）和古德森编辑的"教育和培训中的问题"丛书。

---

① P. Sikes, L. Measor, P. Woods. Teacher Career: Crises and Continuities [M]. London: The Falmer Press, 1985.

　　作者采用一种主观的、持续的、发展的和关注个人身份的职业观来研究教师职业。同时，他们认为研究还涵盖了一个人的整个生活，包括一些其他活动，比如兴趣、家庭承诺等。之所以研究教师职业，是因为作者认为当时的教师职业存在一些"危机"情况。这些情况包括对专业精神的阻碍、对薪酬的不满，以及向集中化和问责制迈进等。根据所要研究的问题，作者在理论上使用了互动主义，在方法上则使用生活史研究来展开工作。

　　全书共八章，作者从教师生命的周期开始书写。在作者看来，年龄是一个独特而又普遍的经验，也是个人和社会特征的重要来源。更为关键的是，年龄与职业发展和身份认同是密不可分的。因此，在第一章，作者所关注的问题是概述教师职业生涯中教师自己所感知和经历的看似明确的、可识别的阶段，并调查了每个阶段的特征。如果教师的职业生涯是由阶段组成的，那么一个人如何从一个阶段转移到另一个阶段？这个进展似乎并不总是必然的或是一帆风顺的，有时会有尖锐的非连续性和巨大的飞跃。这些"关键阶段"和"严重事件"成为第二章研究的主题。关键事件是由一系列特定约束条件的结合而引起的。所以在第三章，作者将分析的重点转移到这些约束条件上，以及教师在职业生涯中如何"管理"或"应对"这些约束。这些约束主要集中在社会、制度和个人三个层面上。在第四章，作者主要关注的是教师角色的本质和教师的关系。在作者的研究中，成为一名"合格教师"的概念不断出现在他们的记录中。因此，在第四章中作者通过与教师的交谈，从外表、对学生的态度、与同事的关系和教学四个方面描述了合格教师的主要特征。同时，还分析了哪些因素与成为或不是一个合格的教师有关，这种"教师越轨行为"对教育有什么影响。在第五章中，作者认为在目前陷入困境的情况下，教师可能不仅要对角色形成新的态度，还要在他们所处的组织内发展新的职业路线。在这个过程中，我们应该考虑学校的管理、权力结构和关系的组织等。在教师的身份构成中，管理角色、地位和权力是至关重要的因素。除此之外，作者还指出另外两个至关重要的影响因素——教的科目及学生。在第六章中，作者分析了学生对教师职业的影响。在第七章中，作者则分析了所教授科目对教师的影响。在第八章中，作者试图从研究中得出主要的理论意义和政策建议。

　　总之，在《教师职业：危机与持续》一书中，作者通过分析国家政策、制度期望和个人关系对教师职业的约束，试图来阐明教师职业生涯的复杂性。在这个过程中，作者特别强调教师必须拥有个人资源、灵活性的技能来管理角色。教师是自己命运的熟悉管理者，是自己宿命的谈判者。

二、研究问题

　　在该书的引言部分，作者明确了其感兴趣的是个人如何适应或寻求改变情况，个人如何管理角色和限制，也就是个人对自己职业的看法，特别是"危机"如何影响教师对工作的看法。而随着研究的深入，作者关注的问题超越了当前的危机，超越了前面所讨论的社会、政治和经济因素。因为在许多教师的职业生涯中，还有其他危机和临界点，以及其他因素强大的影响。因此，作者逐渐建立了一幅教师职业的图景，包括典型的年龄和阶段，以及关键的过渡，而目前的危机必须处于其中。只有在这个一般框架中，当前的事件才可以被理解。事实上，作者之所以对当前危机感兴趣，主要源于这样一个事实，即强调了教师职业的长期性。在教师的头脑中，职业结构往往是松散而模糊的。不寻常的事件或困难会把它们带到前沿，让它们成型，使它们更易于研究。因此，危机是一个试金石，可以更深入和更广泛地调查教师职业生涯。

三、研究方法

针对所研究的问题，作者认为生活史的方法比较适合。正如邓津所说："生活史可能是研究成人社会化的最佳方法，是自我对日常互动突发事件的情境反应。"生活史的主要特征是"长时间的访谈"，实际上这是由一系列访谈组成的，在访谈中，受访谈者和访谈者进行互动，探讨和反思被研究者的陈述。作者认为，在本研究中，生活史的方法具有以下优点：

第一，它是"整体的"，也就是说关注教师的全部生活和职业，而不仅仅是他的一个部分或方面。为了充分理解教师的兴趣和动机，我们需要尽可能完整的传记。这种"整体论"的另一方面是，生活史可以包含各种意识模式。此外，这种"整体论"，使我们认识到关键互动点的影响情况需要在背景中调查和发现。第二，它是"历史性的"，因为有望增加民族志案例研究的深度。第三，它跨越了微观—宏观的界面。在研究生活史时，人们不得不考虑它的历史背景和自我与社会的辩证关系。正如古德森所言，通过生活史，我们可以深入了解个体如何适应社会结构中的必要性……从收集的生活史，我们辨别什么是一般范围内的个人研究，从而与宏观理论连接，但从根本上宏观理论仍然是扎根于个人传记的。①

（一）选择样本

在选择样本时，作者首先遵循的原则是样本数量必须是小的。因为此研究需要每个个体的生活细节。但是最终样本的数量也要足够大，以便进行比较，并允许一定程度的概括。因此，样本按照以下方式组织。

---

① P. Sikes, L. Measor, P. Woods. Teacher Career: Crises and Continuities [M]. London: The Falmer Press, 1985: 12.

1. 区域

因为地方政府在教育上的政策和资源投入存在很大差异，而且这种差异对教师职业的影响很大。因此，作者选择了两个区域：一个是保守党控制的南方地区，一个是工党控制的北方地区。

2. 年龄

试点工作中指出的三个关键点是：教学的前三年、职业生涯中期、退休。以前的研究主要集中在教师培训和试用期。作者的目标是通过选择其他关键的职业生涯点，比如增加老年教师的比例，来平衡这一点。

3. 科目

在教师所教科目的选择上，作者选择同等数量的艺术、设计和科学教师。因为他们在方法、环境、教学法和思维过程以及在学校内的地位和社会地位等方面存在差异，这些差异都可能对自我和职业产生明显不同的影响。另外，选择艺术教师的另外一个原因是对他们的研究较少。

4. 性别

众所周知，男性和女性在教学职业上是不同的。为了便于比较，作者选择了都在中学任教且职位都低于校长的教师。

该研究根据地区、年龄、科目以及性别等因素抽取 48 名教师作为分析的样本（见表 5-1）。但是作者同时也指出，这样整齐、对称的样本在定性研究中是不常见的，事实证明也是不现实的。比如，很难找到女科学教师，在北部地区很难找到年长的艺术教师。因此，作者被迫削减了几个样本。这样虽然样本失去了理想的整齐、对称，但原始类别都被覆盖了。[1]

---

[1] P. Sikes, L. Measor, P. Woods. Teacher Career: Crises and Continuities [M]. London: The Falmer Press, 1985: 15.

表 5-1　抽取样本详情

职业生涯点	性别	
	男性（含 2 名艺术教师）	女性（含 2 名科学教师）
接近退休	4 名	4 名
职业生涯中期	4 名	4 名
入职三年内的教师	4 名	4 名

（二）访谈

作者在前言中阐明其使用的是非结构化的访谈，在与教师进行对话中完成资料的收集。开始的访谈主要是描述事实，构建一个"职业地图"。之后，把职业中特别重要的部分拿出来进行详细访谈。在整个访谈过程中，访谈者的任务是帮助教师回忆，而不是引导和建议。因此，访谈者可能会寻求填补资料的空白，通过各种方式验证信息，利用自己或其他人的经验和职业生涯来激发思路。单次访谈平均持续 1 小时或者 1.5 小时，访谈的次数从 2 次到 7 次不等，总计大约 4 小时到 5 小时。具体时间依赖获得资料的有用性以及教师准备的长度而定。

四、研究发现

在该书的最后一章，作者呈现了通过生活史方法研究教师职业的发现，也即贯穿整个研究的突出主题，主要包括教师的职业结构、教师的职业背景、管理教师职业以及职业和身份之间的关系。

（一）教师的职业结构

作者不依赖于熟悉的时间表来讨论教师的职业周期，而是研究年龄阶段。每个阶段都由教师的个人叙述来说明。比如，一个教师悲伤地说："孩子们总是一样的年龄，你逐渐变老，越来越老……

不幸的是，孩子们的生命力都一样，他们的能量似乎保持不变，而你的能量却在减少。"[1] 这样以年龄阶段作为分析框架有助于我们更好地理解教师的职业、态度和行为。因为它是发展的，不限于结构化的固定的路线；也是全面的，不仅考虑到教师整个职业生涯，还包括其他领域，如家庭；同时还能够说明历史、代际、经济和政治的影响。研究还发现，教师的职业生涯不仅是由阶段组成的，而且各阶段是逐步发展的，但也有一些高度紧张的时刻和情节对个人的变化和发展有着巨大的影响。因此，教师生涯经常在关键时期被关键事件所打断。

（二）教师的职业背景

教师的职业生涯是在学校内建立和体验的。因此，研究发现学校组织、校长的个性、观点和价值观，以及教师与他们的关系，是教师生活中非常重要的因素。特别是校长，他可以通过时间和资源分配来控制学校内部的晋升。在机会和资源越少的收缩期，校长的权力越大。研究发现，减少学校中的官僚主义不仅有利于教师的发展，而且有利于学校更好地控制自己的教育；但是官僚主义却不能完全免除，因为学校作为组织的正常运转，仍需要规则，仍然有明确界定的权限领域或特殊责任的职位。伯格（Berger）等人认为，制度化程度低的领域会产生焦虑，因为它们允许个人有太多的自由。因为制度的最基本功能可能是保护个人不必做出太多的选择。[2] 因此，前言中讨论的官僚与专业之间的矛盾，可以通过改变学校的结构，使其减少僵化而更加灵活来解决。

---

① M. Walker. Review of Teachers' Careers: Crisis and Continuities, by P. Sikes, L. Measor, P. Woods [J]. British Educational Research Journal, 1986, (12): 313–315.

② P. Sikes, L. Measor, P. Woods. Teacher Career: Crises and Continuities [M]. London: The Falmer Press, 1985: 232.

（三）管理教师职业

所谓管理教师职业，主要指教师个人如何"管理"或"应对"职业。研究发现，第一种应对的策略就是使个人的动机和利益与实际情况的要求相匹配；第二种选择就是减少承诺，采取肤浅的顺从和个人超脱的方式。不仅如此，作者更关心的是这种策略定义是否、如何以及何时发生。事实上，研究发现，这种策略模式有许多变化，特别是一些"策略妥协"，涉及内部化调整和策略重新定义的混合。

（四）自我与职业

作者对教师自我的研究，采用了互动主义的观点，即将自己视为与他人互动产生的社会对象，并且随着新的互动和新情况的发生而不断变化。因此，自我不是一个向世界展示自己的实体，而是一个过程，"在人们进入的每个社会情境中不断创造和再创造"。如果自我是社会关系的产物，那么教师自我的主要影响是什么呢？哈格里夫斯认为，教学职业文化的主要组成部分是地位、能力和关系。该书作者认为，地位和能力确实很重要，但是在该研究中对教师自我的影响并不突出。而人际关系对教师显然很重要。但作者认为人际关系不是大家经常强调的同事关系，与学生的关系对教师身份和职业同样影响巨大。教师通过处理与学生的关系，获得能力感以及由此产生地位。除此之外，该书作者进一步指出教师所教学科对教师自我的影响也很明显，这成为角色和学生之外，影响教师身份的第三个主要因素。如果教师所教的学生是教师自我认知的参照群体，那么所教学科的同事就是另外一个重要的参照群体。

参考文献

著作类

[法]埃马纽埃尔·勒华拉杜里.蒙塔尤：1294—1324年奥克西坦尼的一个山村 [M].许明龙，等译.北京：商务印书馆，1997.

[英]艾沃·F.古德森.环境教育的诞生：英国学校课程社会史的个案研究 [M].贺晓星，等译.上海：华东师范大学出版社，2001.

[英]艾沃·F.古德森.教师生活与工作的质性研究 [M].蔡碧莲，等译.北京：教育科学出版社，2013.

[英]艾弗·F.古德森.专业知识与教师职业生涯 [M].刘丽丽，译.北京：北京师范大学出版社，2007.

[英]艾沃·F.古德森.发展叙事理论——生活史与个人表征 [M].屠莉娅，等译.上海：华东师范大学出版社，2020.

常建华.中国日常生活史读本 [M].北京：北京大学出版社，2017.

陈向明.质的研究方法与社会科学研究 [M].北京：教育科学出版社，2000.

[美]丹·P.麦克亚当斯.我们赖以生存的故事：如何讲述过去的故事，决定了你的未来 [M].隋真，译.北京：机械工业出版社，2019.

[德]汉斯 - 格奥尔格·加达默尔.哲学解释学 [M].夏镇平，等译.上海：上海译文出版社，2004.

---

* 为方便检索，此处将英文参考文献中作者姓氏置于首位，特此说明。

[意大利]卡洛·金茨堡.奶酪与蛆虫：一个16世纪磨坊主的宇宙[M].鲁伊，译.桂林：广西师范大学出版社，2021.

[加]马克斯·范梅南.生活体验研究：人文科学视野中的教育学[M].宋广文，等译.北京：教育科学出版社，2003.

[美]诺曼·K.邓津，[美]伊冯娜·S.林肯，主编.定性研究：方法论基础[M].风笑天，等译.重庆：重庆大学出版社，2007.

[意大利]乔凡尼·莱维.承袭的权力：一个驱魔师的故事[M].谢宏维，译.北京：北京大学出版社，2019.

[美]西奥多·R.萨宾.叙事心理学：人类行为的故事性[M].何吴明，等译.北京：北京师范大学出版社，2020.

[美]伊格尔斯.二十世纪的历史学：从科学的客观性到后现代的挑战[M].何兆武，译.济南：山东大学出版社，2006.

周洪宇，刘训华.多样的世界：教育生活史研究引论[M].福州：福建教育出版社，2014.

郑新蓉，武晓伟，熊和妮，等编著.开拓者的足迹：新中国第一代乡村教师口述史[M].南宁：广西教育出版社，2018.

Allport G. W. The Use of Personal Documents in Psychological Science [M]. NY: Social Science Research Council, 1942.

Antikainen A., et al. Living in A Learning Society [M]. NY: Routledge Falmer, 1996.

Armstrong P. Qualitative Strategies in Social and Educational Research—The Life History Method in Theory and Practice [M]. Hull: University of Hull Press, 1987.

Atkinson R. The Life Story Interview [M]. London: Sage Publications, 1998.

Bakhtin M. M. Problems of Dostoyevsky's Poetics [M]. Manchester: Manchester University Press, 1984.

Ball S. J., Goodson I. F. Teachers' Lives and Careers [M]. London: The Falmer Press, 1985.

Becker H. Sociological Work: Method and Substance [M]. Chicago: Aldine Publishing Company, 1970.

Bennett J. Oral History and Delinquency: The Rhetoric of Criminology [M]. Chicago: University of Chicago Press, 1981.

Borgatta E., Montgomery R. Encyclopedia of Sociology: Second Edition [M]. NY: Macmillan Reference USA, 2000.

Bruner E. M. Text, Play, and Story: The Construction and Reconstruction of Self and Society [M]. Washington, DC: The American Ethnological Society, 1984.

Bruner J. S. Acts of Meaning [M]. Cambridge, MA: Harvard University Press, 1990.

Burton A., Harris R. E. Clinical Studies of Personality (Vol. 3) [M]. NY: Harper & Brothers, 1955.

Calderhead J., Gates P. Conceptualizing Reflection in Teacher Development [M]. Washington, DC: The Falmer Press, 1993.

Casey K. I Answer with my Life: Life Histories of "W " Omen Teachers "W " Orking for Social Change (1st ed.) [M]. London: Routledge, 1993.

Clandinin D. J. Handbook of Narrative Inquiry: Mapping a Methodology [M]. Thousand Oak, CA: SAGE Publications, 2007.

Cole A., Knowles J. Lives in Context: The Art of Life History Research [M]. Walnut Creek, CA: AltaMira Press, 2001.

Crossley M. L. Introducing Narrative Psychology: Self, Trauma and the Construction of Meaning [M]. Philadelphia: Open University Press, 2000.

Denzin N. K. The Research Act: A Theoretical Introduction to Sociological Methods [M]. NY: McGraw-Hill, 1978.

Denzin N. K. Interpretive Biography [M]. California: Sage Publications, Inc., 1989.

Denzin N. K. The Research Act: A Theoretical Introduction to Sociological Methods (1st ed.) [M]. NY: Routledge, 2009.

Dhunpath R. Archaeology of a Language Development Non-Governmental Organization [M]. Saarbrücken: Lambert Academic Publishing, 2010.

Dollard J. Criteria for the Life History [M]. NY: Peter Smith, 1949.

Dominicé P. Learning from Our Lives: Using Educational Biographies with Adults [M]. San Francisco, CA: Jossey-Bass Publishers, 2000.

Erben M. Biography and Education: A Reader (1st ed.) [M]. London: The Falmer Press, 1998.

Erikson E. Young Man Luther: A Study in Psychoanalysis and History [M]. NY: Norton, 1958.

Erikson E. Gandhi's Truth: On the Origins of Militant Nonviolence [M]. NY: Norton, 1969.

Goodson E. I., Antikainen S. The Routledge International Handbook on Narrative and Life History [M]. NY: Routledge, 2017.

Goodson I. The Making of Curriculum: Collected Essays [M].London: The Falmer Press, 1995.

Goodson I. Studying Teachers' Lives [M]. NY: Teachers College Press, 1992.

Goodson I., Hargreaves A. Teachers' Professional Lives [M]. London: Falmer Press, 1996.

Goodson I., Mangan M. M. Qualitative Educational Research Studies: Methodologies in Transition [M]. London: The University of Western Ontario, 1991.

Ivor F. Goodson, Scherto R. Gill. Narrative Pedagogy: Life History and Learning [M]. NY:Peter Lang, 2011.

Halbwachs M. On Collective Memory [M]. Chicago: University of Chicago Press, 1992.

Hatch J. A., Wisniewski R. Life History and Narrative [M]. Washington, DC: The Falmer Press, 1995.

Munro P. H. Subject to Fiction: Women Teachers' Life History Narratives and The Cultural Politics of Resistance [M]. Buckingham: Open University Press, 1998.

Horrocks C., et al. Narrative, Memory and Health [M]. Huddersfield: University of Huddersfield Press, 2003.

Jupp J. C. Becoming Teachers of Inner-city Students: Life Histories and Teacher Stories of Committed White Teachers [M]. Rotterdam, The Netherlands: Sense Publishers, 2013.

Kirby S., McKenna K. Experience, Research, Social Change: Methods from the Margins [M]. Toronto: Garamond Press, 1989.

Kridel C. Writing Educational Biography: Explorations in Qualitative Research [M]. NY: Garland, 1998.

Langness L. L. The Life History in Anthropological Science [M]. NY: Holt, Rinehart and Winston, 1965.

Levinson D., Ember M. Encyclopedia of Cultural Anthropology (Vol. 2) [M]. NY: Henry Holt and Company, 1996.

Maines D. R. Social Organization and Social Process: Essays in Honor of Anselm Strauss [M]. NY: Aldine De Gruyter, 1991.

McAdams D. P. The Stories We Live by: Personal Myths and the Making of the Self [M]. NY: William Morrow & Co.1993.

McLaren P. Life in Schools: An Introduction to Critical Pedagogy in the Foundations of Education [M]. NY: Longman, 1998.

Middleton S. Educating Feminists: Life Histories and Pedagogy [M]. NY: Teachers College Press, 1993.

Miller R. L. Researching Life Stories and Family Histories (1st ed.) [M]. London: SAGE Publications, 1999.

Perks R., Thompson A. The Oral History Reader [M]. London: Routledge, 1998.

Plummer K. Documents of Life: An Introduction to the Problems and Literature of a Humanistic Method [M]. London: George Allen & Unwin Ltd., 1983.

Plummer K. Documents of life 2: An Invitation to a Critical Humanism [M]. London: SAGE Publications, 2001.

Russell T., Korthagen F. Teachers Who Teach Teachers: Reflections on Teacher Education [M]. London, UK: Falmer Press, 1995.

Shaw C. The Jack-Roller: A Delinquent Boy's Own Story [M]. Chicago: University of Chicago Press, 1966.

Sikes P., Measor L., Woods P. Teacher Career: Crises and Continuities [M]. London: The Falmer Press, 1985.

Sikes P. J. Parents Who Teach: Stories from Home and from School [M]. NY: Cassell, 1997.

Smyth J. Educating Teachers: Changing the Nature of Pedagogical Knowledge

[M]. London: The Falmer Press,1987.

Sturken M. Tangled Memories: The Vietnam War, The AIDS Epidemic and the Politics of Remembering [M]. Berkeley, CA: University of California Press, 1997.

Sutherland E. H. The Professional Thief [M]. Chicago: University of Chicago Press, 1988.

Thiessen D., Cook-Sather A. International Handbook of Student Experience in Elementary and Secondary School [M]. Dordrecht, the Netherlands: Springer, 2007.

Watson L. C., Watson-Franke M. B. Interpreting Life Histories: An Anthropological Inquiry [M]. New Brunswick, NJ: Rutgers University Press, 1985.

West Linden, et al. Using Biographical and Life History Approaches in the Study of Adult and Lifelong Learning: European Perspectives [M]. Frankfurt am Main: Peter Lang, 2007.

论文类

常建华 . 历史人类学应从日常生活史出发 [J]. 青海民族研究，2013.

常建华 . 明代日常生活史研究的回顾与展望 [J]. 史学集刊，2014.

常建华 . 他山之石：国外和台湾地区日常生活史研究的启示 [J]. 安徽大学学报 (哲学社会科学版)，2015.

常建华 . 中国社会生活史上生活的意义 [J]. 历史教学 (下半月刊)，2012.

陈鹏 . 现在的历史：校园欺凌的个人生活史研究 [J]. 教育发展研究，2019.

程亮 . 生活史视角下的职业发展研究 [J]. 东岳论丛，2015.

贺晓星 . 叙事资本：对教育社会史、生活史研究的一种深度理解 [J]. 高等教育研究，2013.

胡蕊 . 伽达默尔解释学思想论析 [J]. 学习与探索，2010.

句新文 . 试论作为探究和解释的生活史研究 [J]. 上海教育科研，2013.

李姗泽，李梦琪 . 教育生活史研究范式对我国学前教育史研究的启发 [J]. 学前教育研究，2020.

李先军，高爱平 . 微观史学视角下的教师生活史研究 [J]. 比较教育研究，

2021.

李小东．理论与实践的反思：为什么研究日常生活史 [J]. 史学理论研究，2020.

刘新成．日常生活史与西欧中世纪日常生活 [J]. 史学理论研究，2004.

刘胡权．论生活史方法对教师发展研究的适切性 [J]. 当代教育科学，2017.

刘胡权．论童年生活体验对教师专业发展的影响——基于教师生活史的"回溯" [J]. 当代教育科学，2017.

刘洁．从"生活史"的角度看教师教育 [J]. 教育理论与实践，2006.

刘京京，申国昌．学校教育生活史：教育历史的形象再现——微观史学给予的启示 [J]. 教育学术月刊，2013.

刘京京．微观史学视野下的教育生活史研究理路 [J]. 教育理论与实践，2019.

刘训华．生活叙事、文学形式与重回现场——学生生活史研究的三个维度 [J]. 教育研究，2015.

吕世荣，聂海杰．马克思与胡塞尔关注现实维度的差异 [J]. 哲学动态，2010.

倪梁康．胡塞尔的生活世界现象学——基于《生活世界》手稿的思考 [J]. 哲学动态，2019.

路书红．生活史研究对中外教育家研究的价值 [J]. 教育发展研究，2011.

齐学红．从校长生活史透视学校变革：一项口述史研究 [J]. 教育发展研究，2018.

孙飞宇．方法论与生活世界：舒茨主体间性理论再讨论 [J]. 社会，2013.

孙玫璐．成人、生活史：一个终身学习的研究视角——奥尔森教授成人学习研究综述 [J]. 教育发展研究，2005.

申国昌，郭景川．生活史视域中的教育家交往活动审视——以陶行知社会交往个案研究为例 [J]. 天津师范大学学报 (社会科学版)，2016.

申国昌，刘京京．教育生活史：教育历史的生动展现——从法国年鉴学派得到的启示 [J]. 湖北大学学报 (哲学社会科学版)，2014.

覃桃．生活史——听生活讲述它自己的故事 [J]. 图书情报知识，2010.

汤美娟．整合宏观与微观：教育生活史的方法论意涵 [J]. 当代教育科学，2012.

唐芬芬，徐艳贞．童年生活史：一种教师教育课程资源的开发——以高师学

前教育专业为例 [J]. 当代教育科学，2014.

王炎 . 解释学 [J]. 国外理论动态，2006.

王加华 . 个人生活史：一种民俗学研究路径的讨论与分析 [J]. 民俗研究，2020.

吴晓明 . 论解释学的主旨与思想任务 [J]. 社会科学战线，2019.

吴银银 . 教师实践性知识生成与发展路径探究——基于生活史视角 [J]. 教育理论与实践，2016.

吴银银 . 教师实践性知识养成的生活史探究：布迪厄社会实践理论的视角 [J]. 当代教育与文化，2019.

武翠红 . 论英国课程研究的生活史视角 [J]. 教育学术月刊，2016.

杨跃 . 生活史：一种重要的教师教育课程资源 [J]. 课程·教材·教法，2009.

张立程 . 从微观史、日常生活到社会文化史 [J]. 河北学刊，2017.

张立新 . 教师实践性知识形成机制研究——基于教师生活史的视角 [D]. 上海：上海师范大学博士学位论文，2008.

张鹏飞，徐继存，高盼望，王婷 . 教师应试教育观念是怎样形成的——基于生活史视角的个案考察 [J]. 教育学术月刊，2021.

赵丙祥 . 将生命还给社会：传记法作为一种总体叙事方式 [J]. 社会，2019.

周洪宇，刘训华 . 论教育生活史的学术传承 [J]. 河南大学学报 (社会科学版)，2015.

周洪宇 . 教育生活史：教育史学研究新视域 [J]. 教育研究，2015.

周慧梅 . 哥伦比亚大学师范学院时期的郭秉文——社会生活史的视角 [J]. 教育学报，2014.

庄严，徐玉珍 . 教师研究的生活史视角 [J]. 教育科学研究，2014.

Bron A.,West L. Time for Stories: The Emergence of Life History Methods in the Social Sciences [J]. International Journal of Contemporary Sociology, 2000.

Bruner J. Life as Narrative [J]. Social Research, 1987.

Cole A. L. Interviewing for Life History: A Process of Ongoing Negotiation [J]. RUCCUS Occasional Papers, 1991.

Crapanzano V. The Life History in Anthropological Field Work [J]. Anthropology and Humanism Quarterly, 1977.

Dhunpath R. Life History Methodology: "Narradigm" Regained [J]. International Journal of Qualitative Studies in Education, 2000.

Faraday A., Plummer K. Doing Life Histories [J]. Sociological Review, 1979.

Germeten S. Personal Narratives in Life History Research [J]. Scandinavian Journal of Educational Research, 2013.

Goodson I. Life Histories and the Study of Schooling [J]. Interchange, 1980.

Goodson I. The Story of Life History: Origins of the Life History Method in Sociology [J]. Identity, 2001.

Gregory B. S. Is Small Beautiful? Microhistory and the History of Everyday Life [J]. History and Theory, 1999.

Hagemaster J. N. Life history: A qualitative method of research [J]. Journal of Advanced Nursing, 1992.

Hargreaves E. Life-history Research with Children: Extending and Enriching the Approach [J]. Children & Society, 2022.

Hoskins K., Smedley S. Life History Insights into the Early Childhood and Education Experiences of Froebel Trainee Teachers 1952–1967 [J]. History of Education, 2016.

Kouritzin S. G. Bringing Life to Research: Life History Research and ESL [J]. TESL Canada Journal, 2000.

Lanford M. Making Sense of "Outsiderness": How Life History Informs the College Experiences of "Nontraditional" Students [J]. Qualitative Inquiry, 2019.

Mandelbaum D. G. The Study of Life History: Gandhi [J]. Current Anthropology, 1973.

Matiss I. A. Co-creating Life Histories [J]. Journal of Baltic Studies, 2005.

McAdams D. P. Biography, Narrative, and Lives: An Introduction [J]. Journal of Personality, 1988.

Olesen H. S. Theorising Learning in Life History: A Psychosocietal Approach [J]. Studies in the Education of Adults, 2007.

Pamphilon B. The Zoom Model: A Dynamic Framework for the Analysis of Life Histories [J]. Qualitative Inquiry, 1999.

Preston R. J. Edward Sapir. Anthropology: Style, Structure, and Method [J]. American Anthropologist, 1966.

Roskelly H. Review of Biography and Education: A Reader [J]. Biography, 2000.

Snodgrass J. Review: Autobiography and Sociology [J]. Contemporary Sociology, 1983.

Stuart M., Lido C., Morgan J. Personal Stories: How Students' Social and Cultural Life Histories Interact with the Field of Higher Education [J]. International Journal of Lifelong Education, 2011.

Watson L. C. Understanding a Life History as a Subjective Document: Hermeneutical and Phenomenological Perspectives [J]. Ethos, 1976.

Wolcott H. F. Adequate Schools and Inadequate Education: The Life History of a Sneaky Kid [J]. Anthropology & Education Quarterly, 1983.

Silverman, E. Consumer Alert: Stuttering and Gender Research. Paper Presented at Fourth International Stuttering Awareness Day Conference [C]. 2001.

Samuel, M. Beyond Narcissism and Hero-worshipping: Life History Research and Narrative Inquiry [J]. Alternation, 2015.

后　记

　　编写《教育生活史：理论与实践》源于编者在教授研究生及本科生课程"教育研究方法"相关内容时受到的启发。为了更好地讲授这些内容，编者查阅了教育生活史的相关文献，这激发了编者系统梳理和理解教育生活史方法的冲动。但是，当编者真正开始这项工作时，才深刻体会到了什么叫"冲动的惩罚"。编写工作"遭遇"了许多困难，尤其对大量的多学科国外资料的阅读和理解，经常使我们感觉力不从心，难以应对。不过，在大家的齐心协力下，这项对我们来说艰巨的任务终于完成了。但书中的错漏在所难免，请读者批评指正。

　　"教育生活史"的概念并不是本书编者首创。在教育领域中，部分教育史研究者多次使用了此概念。但是我们认真研读发现，"教育生活史"这一概念事实上可以有两种理解：一种理解为"教育生活 / 史"，另一种理解为"教育 / 生活史"。"教育生活 / 史"是指教育生活的历史，属于教育活动史的范畴，是教育史研究的重要方向；"教育 / 生活史"是指以生活史的视角或方法来研究教育或教育生活。当然二者之间也有一定的重叠，比如关注教育生活。但是本书主要强调了后者，即生活史在教育中的应用。在此理解下，首先，本书梳理和研究了生活史的定义、渊源以及旨趣；其次，探索了作为方法的生活史与教育研究的适切性以及生活史在教育中的引入与发展；最后，从方法论到具体技术，再到实践案例，本书试图系统展现生活史作为方法如何应用的问题。作为一种质的研究方法，生活史对个人故事价值的追求，对社会和教育中弱势个体的关注，对教育中个体与社会情境互动的探究，无疑为我们分析教育问题提供了丰富的想象力。"教育生活史"的学习和应用，将有利于推动我们对教师、学生、成人教育、教师教育等问题和领域的研究。因此，本书既适用于教授研究生"教育研究方法"课程，也适用于本科生对质性研究中的"生活史"进行初步的了解。

　　本书由桑志坚负责整体设计、确定各章的内容。汤美娟负责撰写第二章和第三章。其余章节由桑志坚完成。最后，桑志坚负责全书的统稿、修改、定稿工作。研究生王悦悦、马雅婷、乌尼日其格、邢嘉月、王佳伟等为本书的顺利编写承担了资料整理的大量工作，在此致谢。在本书的出版过程中，内蒙古师范大学教育学院米俊魁院长给予鼎力支持，南京师范大学出版社崔兰和杨佳宜为本书的顺利出版付出了辛苦劳动，一并致谢。

　　最后，愿我们每一个人在教育生活的长河中感受到属于自己的美好！